La Haye
1777

Pilati di Tassulo, Carlo Antonio

Voyages en différens pays de l'Europe, en 1774, 1775 et 1776, ou Lettres écrites de l'Allemagne, de la Suisse, de l'Italie, de

Tome 2

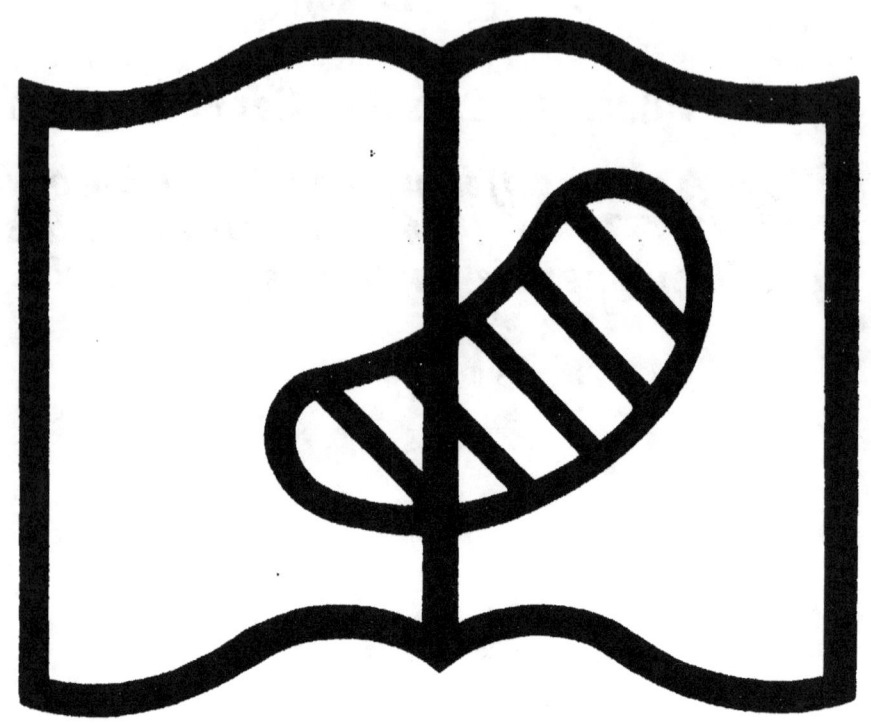

Symbole applicable
pour tout, ou partie
des documents microfilmés

Original illisible

NF Z 43-120-10

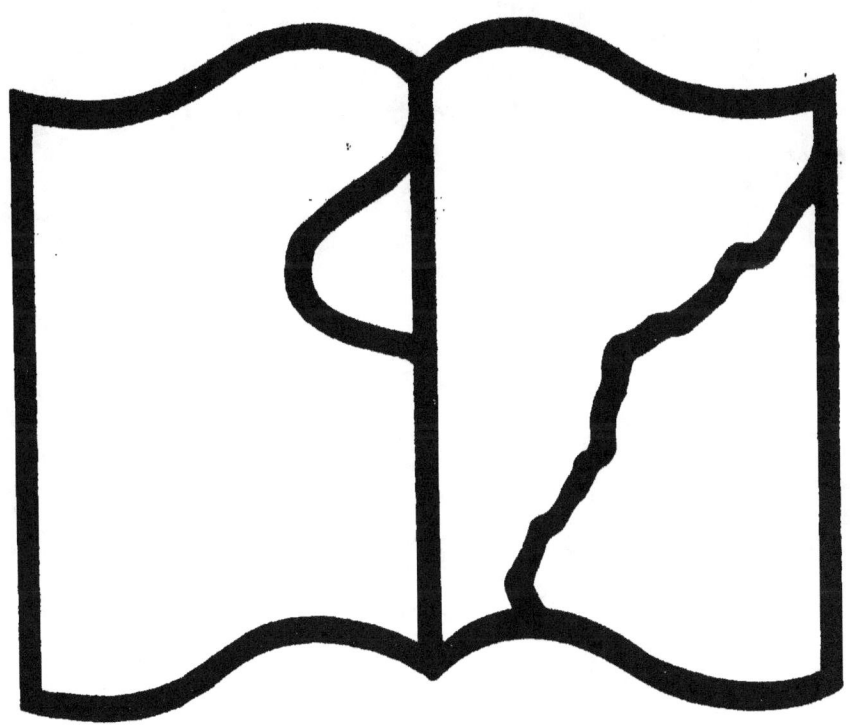

Symbole applicable
pour tout, ou partie
des documents microfilmés

Texte détérioré — reliure défectueuse

NF Z 43-120-11

VOYAGES
EN DIFFERENS
PAYS DE L'EUROPE.

TOME SECOND.

VOYAGES
EN DIFFERENS PAYS DE L'EUROPE,

en 1774. 1775. & 1776.

ou Lettres Ecrites de l'Allemagne, de la Suisse, de l'Italie, de Sicile, et de Paris.

TOME SECOND.

A LA HAYE,

Chez C. PLAAT et COMP:

Libraires sur le Kalvermarkt.

M. D. CC. LXXVII.

LETTRE QUINZIEME.

ROME le 15. Mars 1775.

Ouverture du Jubilé à Rome: origine de cette solemnité, & sa décadence: tas de gueux qui arrivent de tous cotés à Rome pour y gagner cette indulgence. Comparaison du Jubilé des chretiens avec celui des anciens payens. Déréglemens occasionné par les Castrats, qui jouent les rôles des femmes sur les théatres de Rome. Pouvoir des moines dans cette ville: ils firent echouer le projet du Pape Benoit XIV. qui vouloit abolir le caréme & diminuer le nombre des fêtes, conduite des Romains envers les étrangers. Usages de sigisbés: ils sont plus incommodes aux dames que leurs maris. Causes du libertinage des femmes italiennes: différence du caractere des Romains modernes & des anciens.

J'ai vu la cérémonie de l'ouverture du Jubilé: le nouveau Pape la fit lui-même. tout le clergé séculier & régulier s'assembla au Vatican, d'où la procession se rendit à l'église de S. Pierre qui joint le Vatican; mais quand le clergé fut arrivé dans la grande place qui est devant l'église, il en trouva les portes fermées. Pendant que la procession sortoit du palais apostolique, le pape, les cardinaux & les évêques s'assemblèrent dans la chapelle sixtine de ce palais, où le Pape entonna le *Veni Creator Spiritus*: après quoi il sortit & alla avec les cardinaux & les évêques se mettre sous le portique des Suisses, où il nomma trois légats *à latere* pour aller faire la même fonction aux trois autres Basiliques, savoir à S. Paul hors des murs, à S. Jean de Latran & à S. Marie Majeure, qui ne partirent pourtant qu'après que la fonction fut achevée à S. Pierre.

Le pape alla de-là se mettre sur son throne, où il prit un marteau d'or, & descendit ensuite vers la porte sainte de l'églife, qui a été préparée ouverte quelques jours auparavant, mais de façon qu'on a laiffé fur pied la muraille détachée pour faire femblant que la porte étoit encore bouchée. le pape frappa trois fois avec le marteau, le haut, le milieu & le bas de la porte, & dit, *ouvrez moi les portes de juftice, & quand je ferai entré, je donnerai gloire à Dieu:* après cela il alla fe remettre fur fon trône où il fit plufieurs prieres. dans cet intervalle les maîtres maçons renverferent la muraille, & les matériaux en furent diftribués aux affiftans qui s'empreffoient fi fort d'en avoir pour en faire des reliques, qu'il y eut bien du monde bleffé & quelques Allemands étouffés. les pénitenciers laverent avec de l'eau bénite, les lintaux, les jambages & les moulures, autour de l'ouverture faite par les maçons, après quoi on chanta une Antienne, quelques verfets d'un pfeaume, le *Te deum laudamus* & les vêpres qui terminerent la cérémonie.

Le Jubilé n'eft pas d'ancienne inftitution dans notre églife: il date de 1300, & il doit fon origine à une fantaifie du Pape Boniface VIII, qui étoit tout plein de fantaifies. ce Pape régla la celebration du jubilé univerfel à la centieme année. mais le jubilé des Chrétiens eut à cet égard le même fort, qu'avoit eu du tems des anciens Romains, le Jubilé du paganisme. Vous favez que du tems de la République Romaine, le jubilé fe celebroit tous les cent ans. Le peuple étoit invité à voir des jeux que perfonne n'avoit jamais vus & que perfonne ne verroit jamais plus: c'étoient les fameux jeux féculaires. comme l'an 1300 de notre ère faifoit le commencement du nouveau fiécle, c'eft fans doute des anciens Romains que le Pape Boniface a pris l'idée de fon nouveau jubilé. Il a adopté cette inftitution des anciens Romains, comme fes prédéceffeurs en avoient adopté bien des ceremonies, des pratiques religieufes, des fetes & des ornements pontificaux. mais après la chute de la République, les Empereurs Romains qui vouloient fe procurer le plaifir de voir les jeux féculaires, abrégèrent à leur gré, le terme fixé pour la celebration du jubilé. Les Papes qui succédérent à Boniface, en firent autant, pour une raison bien plus importante, qui est, que le jubilé attirant à Rome une foule immense de princes, de princesses, de seigneurs & de riches particuliers de tous les païs de la Chretienté, c'étoit un moyen sur pour faire couler dans les coffres du St. Siège & dans ceux d'un grand nombre des habitans de Rome, un argent infini.

Cette considération détermina Clément VI à reduire le jubilé à cinquante ans, & il le célébra en 1350. Ce pape avoit pour lui l'exemple des Juifs: car les Israëlites célèbroient leur jubilé à chaque cinquantième année, comme son prédécesseur avoit eu l'exemple des Romains. Mais l'exemple des Juifs étoit bien plus plausible pour *Clement VI*, que celui des payens pour *Boniface*: car enfin en fait de Religion, nous sommes enfants des juifs. Le jubilé de 1350 fut extrémement lucratif pour les Romains: cela donna envie à d'autres Papes d'abréger encore ce terme pour la célébration du Jubilé: ils avoient pour cela l'exemple du bon plaisir des anciens Empereurs Romains; & le bon plaisir a toujours été la régle de la conduite de tous les souverains de Rome, tant anciens que modernes. ainsi le Pape *Urbain VI* reduisit l'année du jubilé à 33 ans, & il en donna pour raison que J. C. vecut autant d'années sur la terre, ce qui n'est pas vrai. les successeurs d'*Urbain* abrégerent encore ce terme, & ils en donnerent toujours les raisons qu'ils voulurent, en cachant la véritable, qui étoit de faire venir de l'argent à Rome: enfin *Paul II* & *Sixte V*, fixerent pour l'année sainte, un terme qui ne fut plus ni avancé ni reculé, qui est celui de 25 ans. On y a seulement fait une addition, qui est de faire célébrer un jubilé à l'élévation de chaque nouveau pontife. Mais la dévotion des fidèles étant extrêmement refroidie dans ces derniers tems, les gens riches & les princes ne s'empresserent plus de venir à Rome pour y gagner l'indulgence, qui fait passer ceux qui se sont bien confessés, de l'état du péché à celui de la grace: Il n'y vient plus que des gueux & des moines, qui aulieu d'enrichir les Romains, leur sont à charge. L'Impératrice reine, craignant que les païsans & les artisants de ses états n'allassent à l'occasion du present jubilé s'enivrer en Italie, avoit fait publier un ordre qui défendoit à tous ses sujets d'aller à Rome, durant tout le cours de l'année sainte; elle avoit d'autant plus raison que la même indulgence peut se gagner par les ames dévotes, un an après, dans leurs propres païs; mais la cour de Rome fit tant de bruits que les tribunaux des païs autrichiens furent avertis de ne point exécuter cet ordre à la rigueur. Le jubilé de cette année est un fléau pour le Royaume de Naples: depuis quelques jours il arrive de cette contrée-là, plus de cinq cent personnes par jour, qui sont tous des païsans, des artisants, des moines ou des prêtres: si cela continue ainsi, la belle campagne de Naples donnera des cailloux au lieu de bled, après quoi les Lazzarons crieront qu'ils ont faim, & demanderont des cocagnes à piller. Ces gueux de pélerins du jubilé trouvent en route dans toutes les villes un peu considérables, des hopitaux où ils sont nourris & logés pendant trois jours; & ils sont servis à table par la premiere noblesse du païs, qui croient se faire un mérite extraordinaire à faire les valets de ces fainéants, dont ils auroient honte d'être servis eux-mêmes.

Si je n'avois été attiré à Rome par le couronnement du pape, je ne me serois pas soucié d'y venir pour voir la cérémonie du jubilé. je savois bien que cette solemnité ne valoit pas les jeux séculaires des anciens Romains: car tout bon catholique que je suis, j'avoue que les antiennes & les himnes que j'ai entendu chanter à cette occasion, dans l'église de St. Pierre, dans un jargon latin que je ne comprends pas, ne m'ont pas affecté comme ils l'auroient fait, s'ils étoient composés dans le gout de cet hymne qu'Horace composa pour le jubilé de son temps: "So-
" leil, qui nourrit tous les êtres, Toi
" dont le char brillant ramene & rem-
" porte la lumiere, puisse tu dans ta
" course ne voir rien de plus grand
" que Rome! Toi qui prépares les en-
" fantements, favorable Lucine, déesse
" puissante, fais que la race puissante

„ se perpétue: bénis les décrets portés
„ en faveur de l'hymen, & la Loi con-
„ jugale, qui nous donne de nouveaux
„ citoyens. Dieux éternels, faites que
„ la terre féconde se couvre de trou-
„ peaux & de fruits: que des eaux sa-
„ lutaires & un air pur nourrissent tou-
„ tes ses productions. Faites que la
„ jeunesse docile, prenne des habitu-
„ des vertueuses; que la paisible vieil-
„ lesse jouisse d'un parfait repos: don-
„ nez à la race de *Romulus* des riches-
„ ses, des enfants & tout ce qui mene
„ à la gloire. Que l'Auguste sang d'An-
„ chise & de Venus terrasse l'ennemi
„ qui osera lui resister, & pardonne à
„ celui qui se soumet." Si ces prieres
étoient modélées sur un ton chretien,
elles vaudroient bien mieux que le *Ky-
rie eleysson* de la procession, & le *Deus
in adjutorium meum intende* des vêpres
que j'ais entendu chanter à St. Pierre.

La cérémonie du jubilé étant passée,
il n'y a plus rien qui m'arrête à Rome,
dont j'ai déja vu en d'autres tems, les
édifices, les tableaux & les statues. Cette année, le carnaval est obligé de ce-
der au jubilé, point de courses, point

de spectacles: je n'en suis pas fâché, j'irai m'en dédommager à Naples où l'on prépare des fêtes extraordinaires pour célebrer la naissance d'un enfant mâle dont la reine y est accouchée, il y a quelques mois. D'ailleurs, les spectacles de Rome ont toujours quelque chose de très choquant pour moi, par l'abominable pratique de faire jouer soit par des *castrati*, soit par des lourdeaux à barbe noire & touffue, les rôles de chanteuses & de danseuses, les femmes étant exclues de tous les théâtres de Rome, les Romains n'y trouvent rien à rédire, l'habitude les y ayant déja accoutumés. Il y a même beaucoup de femmes & beaucoup d'hommes qui trouvent cet usage admirable. Les femmes sont bien aises de retrouver dans les castrats tous les défauts de leur sexe, sans que la virilité leur manque entièrement: les hommes de leur côté sont charmés de voir des personnes de leur sexe qui n'ont point de poil au menton: ainsi l'un & l'autre sexe y trouve son compte, à la honte des papes qui souffrent ce scandaleux usage par une piété & une décence très mal entendues. Il faut voir la fensation que ces acteurs & ces danseurs déguisés font sur toutes les femmes & sur bien des hommes pour pouvoir juger de la méchanceté de cette coutume. Les papes *Benoit XIV* & *Clément XIV*, qui en sentoient les inconvenients, avoient formé le dessein de l'abolir, & de laisser monter les femmes sur le théâtre pour y jouer les rôles de femmes; mais les moines jetterent des hauts cris; & *les papes furent obligés de laisser subsister le scandale* pour éviter la persécution de leurs plus fidéles Janissaires: ainsi tandis que l'église ne veut point de castrats, les chefs de l'église ne peuvent se passer de castrats. Cela me rappelle deux autres occasions où le pape Benoit XIV a trouvé les moines en son chemin. Une fois il vouloit abolir le carême, & une autre fois il vouloit diminuer le nombre des fêtes. Les Bulles étoient déja prêtes sur ces deux objets; mais les moines ayant toujours eu vent des desseins du pape, ils lui firent la guerre, ils publierent des libelles où ils prétendoient faire voir que ces nouveautés occasionneroient des scandales & des impiétés dans l'églife; & ils fouleverent tout le monde contre lui: le pape leur repondit par écrit pour leur faire voir modeftement qu'ils avoient tort; mais il n'eut pas le courage de publier ces Bulles: on eut dit que les Hollandois & les Anglois avoient gagné les moines pour la confervation du carême, & que les yvrognes & les pareffeux les avoient gagnés pour faire conferver les fêtes. les Romains ne font point difficiles envers les étrangers: il fuffit d'être recommandé à quelque perfonne de marque qui vous produife, & vous êtes bientôt faufilé avec tout ce qu'il y a de mieux à Rome. on ne vous donne point à dîner, ou du moins très rarement; mais on vous invite aux affemblées du foir; on vous inftruit des affaires de Rome; on vous raconte mille anecdotes concernant les papes & fes courtifans les cardinaux, on vous communique la chronique fcandaleufe: on vous indique les raretés: on vous mène aux promenades; & l'on vous fait faire la connoiffance des perfonnes que l'on croit vous convenir le mieux. cela vaut bien mieux, à mon avis, que des dîners. dans les païs où la coutume de régaler les étrangers est établie, on se contente de leur montrer du faste; & on leur laisse ignorer tout ce qui pourroit les intéresser : on leur occasionne des indigestions en les bourrant, & on ne leur rend pas le moindre service. on les ennuye par des repas de cérémonie, & on ne leur fournit aucun moyen de se desennuyer. tout étranger de bon goût & de bon sens préférera la conduite des sobres Italiens à celle des nations qui leur étalent leurs tables & leurs cachent tout ce qui les intéresse.

Si vous êtes recommandé à quelque dame de qualité, c'est encore mieux. les dames Italiennes se font un point d'honneur d'obliger les étrangers de toutes les façons; mais dans ce cas il faut se donner bien de garde d'indisposer le sigisbé. depuis Milan jusqu'à Naples les femmes de condition, les laides aussi bien que les belles, les sages aussi bien que les coquettes, sont dans l'usage de s'attacher quelcun, soit en qualité de sigisbé, qu'on appelle aussi *cavalier servente* ou de simple ami.

lequel a toujours des prétentions sur la dame qu'il sert, sous quelque titre que ce soit. Il est vrai qu'à présent les femmes d'esprit commencent à se passer de sigisbés; mais ce n'est que pour être moins gênées dans le choix & la variété des hommes qu'elles veulent s'attacher: un sigisbé est encore plus incommode qu'un mari: il vient prendre la dame au lit; il boit le chocolat avec elle; il l'aide à faire sa toilette; il la conduit à la messe, à la promenade, aux spectacles. Cela dégoûte à la longue une femme d'esprit: Elle aime mieux que ces fonctions soient remplies tantôt par un homme tantôt par un autre, pourvu qu'elle ait toujours quelcun. Un étranger qui ne demeure pas long tems dans un endroit, ne peut pas entreprendre de faire changer de goût à une dame qu'il voit, sans courir le risque d'avoir mille desagrémens de la part de ses galants, qui l'empêcheront alors de jouir de bien d'autres plaisirs: pour vaincre ces inconvéniens il faut faire un assez long séjour dans le même endroit.

Indépendamment du climat, il y a

bien des choses qui doivent déterminer les femmes au libertinage, non seulement à Rome, mais dans toute l'Italie. Premierement les Italiens tiennent leurs filles enfermées dans des couvents, ou dans les appartements les plus reculés de la maison: elles ne voyent que d'autres filles & des femmes de leur parenté; & elles ne sont jamais admises à des assemblées où il y a des hommes: cette privation constante leur donne une tentation affreuse: de sorte que quand elles passent à l'état du mariage, un seul homme ne suffit pas pour les satisfaire: la gêne où elles ont été jusques là, demande aussi un dédommagement: elles commencent par conséquent, dès le premier jour du mariage, à se permettre une liberté qui dégénere bientôt en licence. En second lieu, l'Italie est, après l'Espagne, le païs du monde où l'on fait le moins de mariages par inclination: ce sont toujours les parents qui les font, & jamais les personnes qui doivent se marier: de-là vient que les deux parties se voyent dès les premiers momens avec l'indifférence de personnes qui ne se sont jamais connues;

elles n'ont point d'amour l'une pour l'autre; & si le dégoût suit de près la jouissance dans les personnes amoureuses, jugez quel effet cette jouissance doit produire dans celles qui ne se regardent qu'avec indifférence. J'étois, l'autre soir, à un repas que la princesse de .... a donné à un marquis & à une marquise qui s'étoient mariés le jour précédent : la marquise qui pendant tout le repas ne jetta pas seulement un clin d'œil sur son mari qui est cependant un très beau & très aimable jeune homme, demanda, à la princesse où étoit un tel gentilhomme qui avoit dîné, il y avoit quelques jours, chez elle: la princesse lui répondit qu'il avoit été obligé d'aller à *Frascati* chez un ami, & que sans cela, il auroit été du souper. La marquise repliqua là dessus: *je suis bien fâchée que ce Monsieur ne soit pas de la partie: c'est un fort aimable homme; & je vous prie, princesse, de me faire faire un peu mieux sa connoissance.* C'est là à-peu-près l'effet de tous les mariages concertés par les parents. Ajoutés à cela la morale diabolique & la mauvaise religion qu'enseignent ces moines Italiens. je fus préfent, l'autre jour à un dialogue d'un Jacobin avec la marquife dont je viens de vous parler; le pere de cette dame avoit envoyé chercher ce moine pour l'examiner, avant qu'elle paffât au mariage, fur les points les plus importants de la religion & de la morale. je me rappelle affez bien les principales interrogations de l'un & les réponfes de l'autre, pour être en état de vous les rapporter ici fans la moindre altération: les voici. favez-vous, marquife, les fept péchés mortels & les cinq commandements de l'églife? Oui, mon pere, ce font les fuivants. cela va fort bien, marquife, mais combien de fois par jour, recitez-vous le *credo* & l'*Ave Maria*? je dis cinq *credo* & quarante *Ave Maria* avec quatre *pater nofter* par jour, mon pere: cela ne fuffit pas, marquife, il faut reciter, pour l'ordinaire, un chapelet par jour: une dame de votre condition a bien affez de tems pour cela: mais quel eft votre faint patron, marquife? C'eft St. Ignace, mon pere, & St. Catherine dont je porte le nom: Cela ne vaut rien, marquife: St. Ignace a perdu tout son crédit : il vaut mieux prendre St. Dominique : (rappellez vous que ce zélé confesseur étoit Dominicain) & pour lors vous pouvez conserver sainte Catherine aussi ; mais sans la compagnie de ce saint vous n'avez pas assez d'elle : il faut encore ajouter la Vierge Marie : jamais on ne doit laisser de côté la sainte Vierge. Mais quelle marque de dévotion portez-vous sur votre corps, marquise ? Le scapulaire, mon pere. — Cela est bon, mais il faut y ajouter le rosaire ; & si vous voulez m'en croire, vous prendrez aussi le cordon de St. François, qui étoit le bon ami de St. Dominique. Mais marquise, quand vous serez mariée, combien de fois par mois irez-vous à confesse & communierez-vous ? Je m'accommoderai en cela, mon pere, aux besoins du ménage & à la volonté de mon mari. Non, marquise, quand il s'agit de l'ame, il faut obéir à son confesseur & non à son mari ; vous suivrez en cela les conseils de votre confesseur tout seul, comme aussi en tout ce qui concerne votre salut éternel. Les maris n'y ont aucun droit. Mais où tenez-vous vos mains pendant la nuit, marquife ? Ou le hazard les porte, mon pere. Cela n'eſt pas bien, marquife, il faut les tenir en croix, ni trop haut ni trop bas : Mais dites moi, marquife, ferez vous dire bien des meſſes ? Oui, mon pere, autant que je pourrai. Cela eſt bien, marquife, il ne faut pas oublier un inſtant les ames qui brulent dans le purgatoire : les meſſes ſont la choſe du monde la plus efficace pour les en tirer. Que prenez-vous, marquife, pour votre déjeuner les jours de jeûne ? Je prends du chocolat, mon pere. C'eſt une maudite coutume, marquife, elle vous menera en enfer : il faut abſolument quitter le chocolat : c'eſt une boiſſon trop nourriſſante : je ne vous permets de prendre que du caffé à l'eau. Mais les médecins me l'ont defendu mon pere : ils veulent que je le prenne avec du lait. Les médecins ne doivent pas ſe mêler de cela, marquife ; c'eſt au confeſſeur à vous mettre ſur la voye du falut. Les médecins n'y entrent pour rien : il vaut mieux aller au ciel en ſui‍vant le confeſſeur, que de vivre long tems & de ſe damner pour les conſeils des médecins : croyez moi, marquife, abandonnez le chocolat les jours de jeûne. Mais tout le monde en boit, mon pere; & moi je vous dis, marquise, que vous vous damnerez avec tout le monde: ce sont ces diables de Jésuites qui ont approuvé malgré nous cet abominable usage: aussi ont-ils été damnés dans ce monde, comme, dieu merci, ils le seront encore dans l'autre. Sur ces entrefaites on servit le chocolat; & le pere confesseur termina son catéchisme pour le boire tranquillement: il le trouva délicieux & protesta qu'il en boiroit tous les jours de l'année, si l'on en pouvoit avoir de cette qualité: car, ajouta-t-il, *la table de nos moines est si peu de chose, que c'est un jeune perpétuel chez nous.* Voilà un précis de la morale & de la religion d'Italie. je ne doute point, que la marquise n'observe religieusement, durant tout le reste de sa vie, tout ce que ce moine lui a dit; mais si elle suit le torrent & l'exemple des autres, elle fera d'un autre côté bien des choses, que le confesseur ne lui a pas dites: car dans tout temps, chez tous les peuples & dans toutes les religions les gens les plus attachés aux cérémonies & aux superstitions ont été de tous les mortels ceux qui se sont joués le plus des préceptes de la morale & de l'esprit de la religion : ces gens ont l'ame trop vile & la façon de penser trop basse pour connoitre & aimer autre chose que les vices les plus méprisables : leurs vices sont ceux de la vile canaille, ceux des usuriers, des délateurs, des calomniateurs, des persécuteurs, des libertins crapuleux : ils ne sauroient pas seulement être noblement vicieux.

Je viens à présent à l'article de votre lettre, où vous me demandez, si dans le caractere des Romains d'aujourd'hui l'on découvre encore des traces du caractere des Romains des anciens temps. Je ne sais pas, quelle étendue vous donnez au mot d'anciens. Il se peut très-bien, que les Romains modernes ressemblent un peu à ceux du temps d'Augustule : car l'ignorance, l'avilissement & la foiblesse de ce peuple dans ces deux époques sont presque de la même nature & au même dégré, & par conséquent il ne doit s'y trouver non plus beaucoup de diversité dans le reste de leur caractere. mais pour les Romains des temps plus réculés, je ne vois pas comment on pourroit leur comparer les Romains modernes, puisque de toutes les choses, qui concourent à former le caractere des hommes, l'ancienne Rome n'en avoit pas une seule de commune avec la moderne. Voudriez vous comparer l'éducation, qui formoit des Camilles, des Scipions, des Pauls Emiles, des Catons, des Pompées & des Céfars, à celle qui forme des Dominicains, des Cordeliers, des Abbés, des Monsignori, des castrats, des familiers de l'inquisition, des prédicateurs de carême, des faiseurs de sonnets, des compositeurs de memoires pour la congrégation de l'Index, & pour celle de *Propaganda*? Trouvez vous quelque ressemblance entre les leçons de Panaetius, les Tusculanes de Cicéron, les écrits de Séneque, les maximes de Marc Aurele, & les livres des moralistes modernes de Rome sur les sept pechés mortels & sur l'utilité de porter le scapulaire & le cordon de S. François? vous semble-t-il qu'il y ait quelque rapport entre les harangues philosophiques de

Caton pour la loi Oppia & la loi Voconia contre le luxe & les débauches des femmes, & les sermons antiphilosophiques que l'on entend ici sur le même sujet les jours de S. Joseph & de la conception de la vierge ? retrouvez vous quelque ressemblance entre les trois cens cordeliers d'*Ara cœli* qui occupent une partie du Capitole, & les trois ou six cens sénateurs qui se rassembloient autrefois dans le même endroit ; entre les processions qui viennent aujourd'hui à ce couvent d'*ara cœli*, & la marche triomphale qui finissoit anciennement dans le même emplacement ? seriez vous tenté de comparer les plaidoyers d'Hortensius & de Cicéron tous pleins de raisonnemens & d'éloquence, aux consultations, toutes chargées de misérables autorités & toutes pétries de fatuités des avocats *del Campidoglio*, & des *ajutanti di stedio* des auditeurs de la Rote ? Il me semble que les principes de la cour de Rome d'aujourd'hui concernant le célibat, que le furieux pere Zacheria vient de développer dans de terribles volumes in folio contre les anticélibataires, ne concordent pas trop non plus avec les principes des anciens censeurs de Rome, ni avec la harangue de Metellus, ni avec la loi *Julia Papia Poppea*. quant Tite Live rapporte au livre 39. que le sénat condamna les Augures, qui prétextoient des privileges, pour ne pas payer les impôts un peu trop forts qu'il avoit mis sur le peuple, il paroit que le gouvernement ancien pensoit encore à cet égard différemment du gouvernement moderne, & que le livre du pere *Mamachi* sur l'exemtion du clergé, qui plait si fort aux Romains modernes, n'auroit pas fait fortune chez les anciens. les délibérations qui se font au Vatican & à *Monte Cavallo* sur l'expédition des brefs dans les différens pays de la catholicité, ressemblent bien peu encore à celles qui se tenoient anciennement sur les expeditions des légions en Asie, en Afrique, en Grece, en Espagne, en Allemagne, dans les Gaules: & les gens employés à minuter une dispense, ou une bulle d'excommunication, doivent bien peu ressembler aussi à ceux que les anciens destinoient à commander une cohorte, une legion, une armée. Enfin le climat de Rome, lorsque tous ses environs étoient cultivés & habités, devoit bien être différent aussi du climat actuel de cette ville, dont les environs ne sont presque que des campagnes depeuplées & des marais vénimeux. Après cela jugez vous même, s'il peut y avoir quelque rapport entre le caractere des anciens Romains & des modernes. Le fameux Buchanan, qui étoit avec raison le grand ami des moines, comme vous savez, examine dans son *Franciscanus*, pourquoi les gens ne se tuent pas aujourd'hui aussi facilement, qu'il étoit de coutume chez les anciens Romains: & il conclut que cela vient de ce que tous les desespérés se font moines, ressource inconnue aux anciens. mais ce n'est là qu'une pure plaisanterie: car les jeunes gens ne se laissent pas aller si aisément au desespoir: & les moines ne reçoivent pas ordinairement les personnes bien adultes, de peur de ne les pouvoir dresser à leur gré, à moins qu'elles ne leur puissent être d'une grande utilité: & cette sorte de gens, qui peuvent être utiles aux autres, ne desespérent pas facilement pour eux-mêmes. Cette différence vient donc, à mon avis, de la différence qu'il y a entre l'un & l'autre peuple par rapport à l'éducation, aux principes du gouvernement, aux manières de penser & au climat. Les antiquaires Romains prétendent que les habitans du quartier de *Trastevere* tiennent encore beaucoup du caractere des anciens Romains: mais ces antiquaires, qui ne font pas plus moralistes que leurs prédicateurs & leurs confesseurs, confondent un peu, ce me semble, la bravoure de leurs ancêtres avec la brutalité & la férocité des Trasteverins. Il est vrai pourtant qu'on ressemble un peu mieux aux anciens Romains à se battre à coup de poing, à faire jouer les couteaux, & à se lancer de pierres les uns contre les autres, comme font les Trasteverins, que par les exercices des autres Romains modernes, dont toute la gymnastique se réduit à courir les églises pour gagner des indulgences, & à se faire traîner en carosse le long du cours. Je vous entretiendrai sur ce sujet une autre fois.

LETTRE SEIZIEME.

ROME le 18. Mars 1775.

Différence entre l'ancienne Rome & la moderne, par rapport à l'étendue, aux édifices, au Capitole & ses environs, à la population; aux qualités, aux professions, & aux richesses des habitans. Abbés: Filles de joye. Excommunitions usitées contre les femmes qui se livrent à la débauche sans avoir le privilége de filles publiques. Etat de la religion à Rome. Parallele des superstitions Romaines avec celles des autres peuples. Douceur du tribunal de l'inquisition à Rome. Catalogue des livres défendus. Sciences qui sont les plus cultivées à Rome. Qualités de ceux qui professent les belles lettres & les antiquités. Jurisconsultes. Monsignor Bottari. Revenus du pape. De la Daterie. Impôts des Romains. Etat misérable de la campagne de Rome. S. Marino. Poëtes arcades: gravité des femmes Romaines.

Quelle prodigieuse différence entre l'ancienne Rome & la moderne! L'ancienne ville avoit treize à quatorze mille de circonférence sans les fauxbourgs. Les murailles de Rome moderne ont aujourd'hui la même circonférence; mais dans l'étendue de ces quatorze milles, il n'y a que le tiers qui soit habité: les deux autres tiers consistent en vignes & en jardins: les fauxbourgs s'étendoient extrêmement loin de tous côtés, & faisoient comme une ville immense: ils étoient si serrés, que non seulement ils étoient joints les uns aux autres, mais que vus à une certaine distance, ils paroissoient toucher à Rome même. Les étrangers qui venoient à Rome par la voye *Flaminia*, prenoient *Otriculum*, qui est à plus de quarante milles de Rome, pour le commencement de cette ville même: l'Empereur Constantin demanda au même endroit, où étoit le marché de Rome: aujourd'hui vous ne voyez hors des murailles de cette ville, que des jardins & des maisons de plaisance; & tout le reste du païs à une grande distance à la ronde, presqu'entierement sans culture & sans habitants, & couvert d'une infinité d'anciennes masures. L'ancienne Rome étoit embellie de temples, de basiliques, de théâtres, d'amphithéâtres, de cirques, de naumachies, d'arcs de triomphe, de thermes, de colonnes, de fontaines, d'aqueducs, d'obélisques, de mausolées, & d'une immense quantité d'autres batiments magnifiques, soit publics, soit particuliers: les plus grandes beautés de Rome moderne consistent dans les débris de l'ancienne, & le reste se reduit à des églises, à des palais & à quelques fontaines modernes.

Mais le contraste le plus humiliant entre l'ancienne Rome & la moderne se présente aujourd'hui sur le Capitole. Dans l'endroit où étoit autre fois le fameux temple de Jupiter Capitolin, qui étoit rempli de trophées, de dépouilles & de présens les plus riches, offerts par les consuls, les capitaines des armées Romaines, les Empereurs, les Rois étrangers; où les plus illustres vainqueurs des ennemis de Rome se rendoient en triomphe pour rendre au plus grand des Dieux de solemnelles actions de grace; où l'on admiroit les statues d'or de Jupiter & de la Déesse Victoire, du poids de trois cent vingt livres; où l'on voyoit trois mille tables de bronze, qui contenoient l'histoire & les loix de la République; dans l'endroit, disje, de ce temple, il y a aujourd'hui un couvent de cordeliers, appellé *Ara Cœli*, où pour tout dédommagement de ce que vous pouvez y regretter, on vous fait voir, selon la coutume ordinaire des moines, deux piéces d'imposture: l'une est un autel orné de colonnes d'albâtre oriental, que l'on vous dit être un autel qu'Auguste avoit fait ériger à l'honneur de notre Sauveur sous le nom d'*Ara Primogeniti Dei*: & l'autre un tableau de la Vierge, que l'on vous assure être de St. Luc, qui n'a jamais peint de tableaux. quand les anciens Romains descendoient du Capitole, ils rencontroient le *forum Romanum*, où étoit la *Curia Hostilia* dans laquelle s'assembloient le sénat & les consuls: le *Comitium* où s'assembloient les chevaliers & le peuple, où étoit placée la tribune aux harangues, où les plus grands orateurs haranguoient le peuple, où l'on rendoit les jugements, où, entre autres temples & bâtiments publics de la plus grande magnificence, on voyoit les temples de Saturne, de Vesta, de la Victoire, de la Concorde, & surtout l'immense & superbe temple de la Paix. Ce *forum Romanum* est aujourd'hui converti en un ignoble marché de vaches, d'où lui vient le nom de *campo vaccino*, où l'on ne voit actuellement que des arbres plantés au hazard, une fontaine qui ne sert qu'à abreuver les bestiaux, quelques façades d'églises modernes, des colonnes anciennes qui ne tiennent à aucun édifice & des ruines en grande quantité.

L'ancienne Rome contenoit du tems de Tibére, selon le calcul le plus modéré que l'on en voit dans Suétone, seize cent mille citoyens, sans compter une foule prodigieuse d'esclaves & d'étrangers: aujourd'hui on auroit de la peine à y trouver cent quarante mille ames, y compris les étrangers qui y sont toujours en très-grand nombre. les anciens citoyens de Rome étoient d'illustres sénateurs, des patriciens & de nobles plébeïens qui avoient une grande puissance & de grandes richesses; une multitude de chevaliers, tous gens braves, industrieux & entreprenants; de grands négociants qui avoient entre leurs mains tout le commerce de l'univers; de riches banquiers; de grands orateurs; de braves capitaines; des gouverneurs de provinces plus puissants que les rois; des magistrats; des soldats; une populace fiere, intrépide, guerriere qui avoit subjugué tout l'univers, alors connu.

Les habitants de Rome moderne sont quelques princes, la plupart pauvres & dont les plus riches n'oseroient se comparer à ceux des anciens patriciens ou de chevaliers de Rome, qui ne passoient que pour avoir une fortune médiocre; car Cicéron qui n'étoit assurément pas riche, dit dans une de ses lettres à *Atticus* qu'il avoit dans l'Asie, sans compter ce qu'il avoit dans Rome & à Naples, un capital de près de deux cent mille livres. Le reste des habitants de Rome sont des prélats de toute espèce, une multitude d'abbés, une foule prodigieuse de moines, environ neuf mille Juifs, des avocats, des procureurs, des notaires, des sbirres, des espions, des laquais, des cicérons, des locandiers, des perruquiers, des pauvres artisants, des maris qui font trafic de leurs femmes, des peres qui louent leurs filles aux Monsignori & aux étrangers, des poëtes qui font des sonnets pour le mariage d'un seigneur, pour la belle d'un *Monsignor*, sur la mort d'un chien; des pauvres honteux qui subsistent des aumônes secrettes de quelques charitables particuliers; qui marient leurs filles par les contributions de quelques confrairies; qui déposent les enfants, qu'ils ne sont pas en état d'élever, dans les maisons d'orphelins; & qui vont enfin mourir eux mêmes à l'hôpital dont il y en a plusieurs pour le bien des fainéants; des abbés riches dont plusieurs partagent leur bien avec des femmes aimables, afin de gagner le centuple par le moyen des bénefices qu'elles leur font obtenir; des abbés pauvres qui gagnent leur vie à dire la messe, à porter des billets doux, à copier, chez les avocats & procureurs, des mémoires, des consultations & d'autres écrits; de doctes abbés qui font précepteurs d'enfants, qui font des dédicaces, des vers, des panégyriques & des fermons pour de l'argent. Vous voyez par ces détails combien les Romains dominés par un pape, font différents en tout de ceux qui ont été gouvernés d'abord par un corps de prudens & braves fénateurs, & enfuite par de puiſſants empereurs. Ceux-ci en foumettant par leur prudence & par leur valeur la plus grande partie du monde connu, ont rendu le peuple Romain le plus heureux & le plus puiſſant de tous les peuples: ceux-là en dupant le monde par des contes & par des fornettes, ont reduit ce même peuple à la condition la plus miférable.

La plus grande partie des habitants de Rome font habillés en noir, ce qui fait que la ville fourmille de gens qu'on appelle abbés, parce que ce titre fe donne ici, non au caractère de la perfonne, mais à la couleur de l'habit: quiconque a un habit noir eſt appellé *ſignor abbate*, & quiconque porte un habit de couleur avec des galons d'or ou d'argent, eſt traité de *Voſtra Eccellenza*.

Mais pour un étranger, il est plus facile d'avoir l'entrée dans les grandes maisons en qualité d'*abbate*, qu'en qualité d'excellence. Les femmes ont ici beaucoup de respect pour la couleur noire, quoique les confesseurs & les prédicateurs leurs disent tous les jours que le diable est noir. Je crois que c'est à ces *Monsignori* qu'il faut attribuer l'usage où l'on est à Rome de n'éclairer les carosses que par une ou deux petites bougies que l'on met dans des lanternes attachées sur le devant de la voiture. Dans une ville qui n'est point illuminée & où il y a une si nombreuse canaille, il seroit très nécessaire, pour la sureté de ceux qui vont à pied, que l'on suivit l'usage des autres grandes villes d'Italie & surtout de Naples, où l'on se fait éclairer par un ou plusieurs domestiques avec de grands flambeaux; ce qui fait que tout le monde voit clair du moins dans les rues les plus fréquentées. Mais messieurs les abbés ne veu'ent pas être vus: ils veulent que leurs carosses puissent s'arrêter devant telle maison qu'il leur plait, sans pouvoir être reconnus des passants. Le droit de se dérober aux yeux des autres est si sacré ici, que ceux qui ne veulent pas être reconnus, sont en droit de crier de loin à ceux qui ont une lanterne, de la tourner de façon qu'ils ne puissent pas les voir. C'est à la faveur de cette obscurité que peu de tems avant la mort du pape Ganganelli une dame a voulu se promener par les principales rues de Rome dans un petit cabriolet, où étoient attelés deux jeunes prélats qui lui faisoient la cour: il y eut des yeux perçants qui les reconnurent: la chose parvint aux oreilles du pape qui leur fit dire qu'ils étoient des fous & qu'il ne vouloit plus les voir: ce qui les exclut des fonctions où les prélats ont coutume d'assister.

Il y a ici des maisons publiques de débauche & une entre autres tout près de la place d'Espagne, qui est la plus fréquentée de Rome, parce que les François qui sont ici en grand nombre, y attirent tout ce qu'il y a de mieux parmi les filles publiques: le saint siège les souffre moyennant un tribut annuel qu'elles payent à la chambre apostolique. Ce tribut leur donne le droit d'exercer elles seules ce métier dans la ville, à l'exclusion de toutes autres. Si une autre femme reçoit du monde chez elle & qu'elle se rende par là suspecte à la police ecclésiastique, le cardinal vicaire lui envoye un ordre de ne plus recevoir tel homme ou telle personne chez elle sous peine d'excommunication. Dès lors elle est continuellement guêtée par des espions ; & si elle est surprise en faute, pour avoir seulement fait entrer chez elle la personne qu'il lui étoit défendue de recevoir, elle est trainée en prison & punie : l'homme est traité de la même maniere, à moins que ce ne soit quelcun dont on veuille bien ménager la réputation : car dans ce cas il en est quitte pour une somme d'argent plus ou moins grande, qu'on lui fait payer selon les facultés & son état. Cela se pratique non seulement à Rome ; mais encore dans tout l'état ecclésiastique : cependant on n'exerce cette rigueur qu'envers les femmes que leur condition n'oblige pas de respecter, ou qui n'ont pas le bonheur de jouir de la protection de quelqu'officier de la cour ecclésiastique. Souvent le prélat qui lance les foudres, est lui-même le plus grand paillard de son diocèse. Dans le tems du dernier conclave où l'on a fait, comme de coutume, tant de satyres contre les cardinaux, il y avoit une satyre qui disoit d'un cardinal qui est archevêque de .... *Il a sept cens femmes; trois cens concubines & toutes les filles du païs sont à son service.* Cependant c'est justement dans son diocèse que cet usage de sévir contre la paillardise, est pratiqué avec le plus de rigueur. Aussi dit-on en Italie, que pour savoir quel est le peché favori d'un prédicateur, on n'a qu'à faire attention au peché contre lequel il déclame le plus.

Les ennemis de Rome appellent cette ville le centre de la superstition catholique: ils ont bien tort: ce qui partout ailleurs est une véritable superstition, n'est ici qu'une pure politique. En fait de religion le genre humain à été dupé par quantité de législateurs, dont chacun a imaginé une religion à sa fantaisie; mais les hommes ne se sont jamais contentés d'une religion telle qu'elle est sortie des mains du législateur : ils ont toujours voulu y ajouter de leurs propres rêveries, soit pour la théorie, soit pour la pratique, ou pour toutes les deux ensemble : le plus souvent ils y ont fait tant d'additions & tant de changements, qu'entre leurs mains la religion primitive a perdu tout le fonds & n'a retenu que le nom. La même chose est presqu'arrivée à la doctrine de J. C. & des Apôtres. Qu'un homme qui a le sens commun & dont l'esprit n'est pas entièrement gâté par les préventions les plus absurdes, compare l'évangile avec les livres de nos théologiens ; & il sera bien étonné de voir qu'il n'y a nulle liaison, nul rapport entre les rêveries de ceux-ci & la doctrine de la bible. Que l'on compare encore les pratiques religieuses d'aujourd'hui avec celles que Jésus Christ & les apôtres ont prescrites ; & l'on verra de même que celles-ci n'ont aucun rapport avec celles-là, & que bien souvent les unes sont contraires aux autres. Ne suspectez pas ici ma croyance, mon cher Monsieur : je ne prétends pas attaquer le dogme, je ne vous parle que des crimes des Théologiens & de la fottife de ceux qui les croyent: les fourbes créent la fuperftition & les fots la pratiquent. Or je prétends qu'à Rome on eft moins fuperftitieux que dans aucun autre païs catholique: pax il y a fans doute ici beaucoup des fuperftitions, mais pourtant en moindre nombre que par tout ailleurs; & outre cela les fuperftitions des Romains font moins ridicules & moins abfurdes que celles des autres catholiques. Les François paffent pour le peuple le plus éclairé des Catholiques en fait de religion. Cependant, pendant mon féjour à Paris & dans quelques provinces de la France, j'y ai retrouvé toutes les fuperftitions que j'avois vues à Rome & bien d'autres encore que je n'y avois pas vues. On n'excommunie pas ici, comme on fait a Paris, tous les dimanches au prône, en dépit des lumieres de notre fiécle, les forciers & les magiciens: on n'excommunie pas non plus ici, comme à Paris, les comédiens & les danfeurs de théâtre: on ne prétend point ici que les mariages des hérétiques foient nuls, comme on le prétend en France en dépit de

S. Paul. Vous êtes actuellement dans un pays, où domine le Calvinisme, qui est la religion la plus simple & la moins susceptible de superstitions: cependant examinez y les principes & la conduite de ceux qu'on y appelle les fins; & vous trouverez chez eux des choses qui feroient pousser des éclats de rire au plus superstitieux des Romains: vous verrez que selon la doctrine de ces fins, il faut, pour être du nombre des régénérés, avoir le chapeau troussé d'une certaine façon différente de celle des autres & des habits d'une certaine couleur: il faut que les hommes ayent une perruque malgré St. Paul, qui haïssoit les cheveux postiches: il faut pour les femmes un certain bonnet & point de parure: il faut pour les personnes de l'un & de l'autre sexe une certaine démarche, un certain ton de voix, une certaine maniere de s'exprimer: il faut pour les prédicateurs de certaines phrases, une certaine façon de s'énoncer & de déclamer: il faut avoir une aversion inflexible pour tous les plaisirs les plus innocents de la vie; point de bals, point de comédies, point de festins, point de commerce avec les personnes qui n'ont point les marques de la régénération : on ne connoît pas ces folies à Rome.

Il y a ici un tribunal d'Inquisition, qui est à la fois le tribunal suprême, & le plus doux & le plus humain de tous les tribunaux de ce genre qu'il y ait dans toute la catholicité. Les catholiques mangent ici gras & maigre à leur fantaisie : ils se confessent ou ne se confessent pas ; ils vont à l'église ou n'y vont pas, sans être inquiétés, comme ils le font ailleurs, par les Inquisiteurs, à moins que quelque étourdi ne fasse parade de sa façon de penser & de ses actions. Les hérétiques ne sont point du tout gênés ici : on les laisse faire tout ce qu'ils veulent : ils ne se mettent à genou ni devant Dieu, ni devant le pape, & personne ne les insulte pour cela. J'attribue la douceur de ce tribunal à ce que les moines y ont peu de part : les dominicains ne sont, pour ainsi dire, que les bourreaux de ce tribunal ; & les principaux juges sont des cardinaux, qui ordinairement sont des prêtres : or comme les prêtres vivent dans la société

& conversent avec les gens du monde, ils ne sauroient être aussi cruels que les moines qui font profession de renoncer au monde, & renient les hommes & l'humanité.

Le catalogue des livres défendus par la cour de Rome, est beaucoup moins épais que celui de Vienne & d'Espagne; & malgré ce catalogue on peut avoir, tant ici qu'à Boulogne, tous les livres que l'on veut. Des libraires François, établis dans ces deux villes, vendent les livres les plus défendus, presque publiquement. Ils n'usent d'une certaine précaution que pour ceux qui attaquent directement la cour de Rome ou le clergé. Quand je vins ici, j'avois quantité de ces livres dans mes coffres: je fus obligé de les laisser à la douane où les censeurs viennent les examiner; mais comme j'avois déclaré que je ne m'arrêterois pas à Rome, j'y ai envoyé cinq jours après demander mes livres, en faisant savoir à celui qui les avoit en garde que je partois incessamment, & on me les rendit sur le champ: car on n'ôte les livres défendus qu'à ceux qui prétendent demeurer à Rome: & par ce moyen je les ai a préfent chez moi: au lieu que dans bien d'autres pays une partie de mes livres eft reftée entre les mains des cenfeurs.

Les fciences les plus cultivées ici, font la jurifprudence tant civile que canonique; s'il eft permis d'appeller fcience, une doctrine fondée fur un tas de loix bizarres, abfurdes & impraticables; l'hiftoire eccléfiaftique, la théologie, les antiquités & les belles-lettres. Ceux qui s'appliquent aux antiquités & aux belles lettres, font affez généralement remplis d'érudition; mais ils manquent de goût: ils occupent beaucoup leur mémoire; mais ils ne travaillent prefque point avec l'efprit: ils s'appefantiffent beaucoup fur les détails, & ne connoiffent point l'efprit du tout: ils écrivent de gros ouvrages fur des minuties & pas une feule page fur quelque chofe d'effentiel: inftruits d'une infinité de chofes, ils ignorent la maniere d'en former un tout & d'en tirer parti pour l'ufage: ils voyent ce que les anciens ont fait en détail, & ils ne fentent pas l'importance de l'enfemble: toutes les loix des anciens légiflateurs & toutes les actions des grands capitaines de l'antiquité leur font connues; mais ils ne voyent pas les caufes qui les ont produites, & ils ignorent comment ces legiflateurs & ces capitaines fe font formés: ils vous marquent l'époque où les baladins & les cuifiniers de l'Afie ont été amenés pour la premiere fois à Rome; mais ne leur demandez pas quels changements ces Afiatiques ont apportés dans les moeurs des Romains: Ils vous détaillent les prérogatives des tribus ruftiques fur les tribus urbaines de Rome: ils vous parlent de la charrue de *Cincinnatus* & des pois de M *Curius*; mais il ne leur tombe pas dans l'efprit d'examiner fi l'agriculture a eu quelque influence fur les loix, les mœurs & le gouvernement de cette république: ils vous diront que Céfar a détruit à Rome le gouvernement républicain; mais n'allez pas les confulter fur les caufes qui ont difpofé d'avance cette république à la perte de fa liberté: ils vous feront cent differtations, s'il le faut, fur les maifons de campagne de Cicéron; mais ils ne vous diront pas un mot fur l'influence que la conduite de cet ora-

-teur a eu sur le bonheur ou le malheur de cette République. Machiavel ignoroit tout ce que ces savants savent si bien; mais tous ces savants ensemble ne sauroient faire un discours aussi intéressant que l'est le moins intéressant d'entre tous ceux que ce grand homme a fait sur la premiere décade de Tite Live.

Les Romains vantent beaucoup leur jurisprudence, & ils ont raison; car elle leur procure de grandes commodités & des richesses. Tous les avocats ont équipage & presque tous peuvent compter sur un revenu annuel de plusieurs milliers d'écus, quand même ils n'auroient pas un seul pouce de terre: & cela durera jusqu'à ce que les princes catholiques, qui ne font d'ailleurs que penser au bien de leurs sujets, s'aviseront une fois de défendre à leurs sujets séculiers & ecclésiastiques de porter aucun procès à Rome, & de ne rien demander au saint Pere, à moins qu'il n'accorde tout pour rien, comme un pere doit faire pour ses enfants. Les Vénitiens ont bien fait ce règlement; pourquoi les autres princes catholiques ne le feroient-ils pas auſſi ? Les tribunaux de juſtice ſont ici en grand nombre. C'eſt une ſcience à part de ſavoir devant quel tribunal une cauſe doit être portée. Ainſi un procès commence ordinairement ici par la queſtion ſur la compétence ou l'incompétence du juge : ce qui ſert à traîner la cauſe de tribunal en tribunal, afin que bien des avocats & des procureurs puiſſent gagner quelque choſe en paſſant : cela fait, l'affaire principale traîne auſſi long tems qu'il eſt poſſible ; car il eſt de l'intérêt des procureurs de multiplier ce qu'on appelle ici les *inſtances*, parcequ'ils gagnent tant par inſtance ; & il eſt de l'intérêt des avocats d'exciter beaucoup de queſtions & d'incidens pour avoir beaucoup de conſultations à faire : après la déciſion, ſoit d'une ſentence interlocutoire ou déciſive, on demande de part & d'autre pluſieurs réviſions : on appelle d'un tribunal à l'autre : on ſe fait reſtituer en entier ; & lorsque tout autre moyen de traîner vient à manquer, on peut encore recourir au pape par la voye des ſuppliques ; car il n'y a aucune loi, ni aucun réglement qui puiſſe mettre des bornes à la puissance absolue du pontife, pas même dans les affaires de justice. Cela fait sans doute couler un argent infini dans les bourses des curiaux: ce qui prouve qu'ils sont des chicaneurs habiles, mais certainement pas d'honnêtes gens. Quant à la science je vous ai déja marqué qu'ils sont les plus ignorants de toute l'Italie après les Vénitiens & la plupart des Milanois. Ils ignorent parfaitement les Loix, & les langues dans lesquelles ils écrivent, savoir le latin & l'italien: ils ne connoissent que les livres des jurisconsultes praticiens; & toute leur occupation consiste à chercher dans les indices de ces livres des doctrines sur les questions pour lesquelles ils sont consultés.

Je fréquente beaucoup ici *Monsignor Bottari*, vieillard très-respectable par sa science & par son aversion pour les préjugés: il a osé écrire contre les Jésuites dans le tems qu'ils étoient encore puissants; & ses livres sont ce qui a paru de mieux en Italie, dans ce genre. Il est un de ceux qui pensent très différemment du commun des Théologiens & des Canonistes; mais il n'ose s'explipliquer là dessus qu'avec ses plus intimes amis. Le feu cardinal *Paſſionei* étoit plus franc; mais les moines l'on fait paſſer pour un athée: ainſi ceux mêmes qui ſont éclairés & qui ont du bon ſens, ſont obligés ici de faire les ſots pour vivre tranquillement.

Il me reſte encore à répondre à votre queſtion ſur les revenus du pape. J'ai conſulté là deſſus des perſonnes en place; mais les unes ne vouloient pas, & les autres ne pouvoient pas ſatisfaire à ma curioſité, parce qu'on prend à cette cour toutes les meſures poſſibles pour empêcher, que les employés dans un département ne pénètrent pas les ſecrets des autres. L'opinion commune eſt que ces revenus ne montent aujourd'hui qu'à vingt millions de livres tournois; & ſi les princes catholiques s'aviſoient de ſuivre l'exemple de la cour d'Eſpagne, qui a forcé la chambre apoſtolique de lui vendre ſes droits de la daterie, & celui des Vénitiens qui ont défendu à leurs ſujets d'envoyer de l'argent à Rome ſous quelque prétexte que ce ſoit, ces revenus diminueroient en caſe d'un tiers pour le moins. Le roi d'Espagne a fait par cet arrangement un grand tort non seulement, à la chambre apostolique qui par là a perdu les grandes sommes qu'elle tiroit des annates sur les évêchés d'Espagne, & des Bulles dont la daterie faisoit un trafic énorme, mais aussi à tout le peuple Romain; car avant cette époque, les Espagnols qui venoient à Rome pour solliciter des bénéfices & des prélatures, y faisoient subsister plus de dix mille familles. Cette nation y avoit introduite, à la faveur de l'avarice romaine, un trafic de bénéfices le plus honteux qu'on pût imaginer : les laïques les plus incapables de posséder des bénéfices, des valets de chambre, des cuisiniers, des maitresses de gens en place & surtout de cardinaux, obtenoient par le canal de leurs maitres des bénéfices & des prélatures pour un tel ecclésiastique qu'ils désignoient, avec lequel ils avoient fait auparavant un accord secret qu'il ne seroit en effet que leur vicaire, & se contenteroit d'une petite portion des revenus du bénéfice.

Les impôts de l'état ecclésiastique ne

font pas grands en eux-mêmes; mais la toute puissante *Donna Olimpia* a imposé aux Romains, sous le pontificat d'Innocent X, une charge qui vaut bien les impots les plus excessifs; car les sujets sont obligés de donner à la chambre apostoli- tout le bled qu'ils ont à vendre: & cette chambre le taxe à son gré, & le revend ensuite à un prix beaucoup plus haut, soit aux étrangers, soit aux boulangers, chez qui tout Romain est obligé d'acheter le pain, n'étant permis à personne de le faire dans sa maison. La chambre fait avec ce négoce un double profit, d'abord sur le prix & puis sur la mesure: car le boisseau commun dont les sujets se servent en lui vendant leur bled est plus grand que celui dont elle se sert, lorsqu'elle le revend. Ce fardeau est la principale cause de la pauvreté des Romains. L'agriculture est négligée: une immense étendue de terrein reste en friche: une autre grande partie n'est qu'un marais, que personne ne se soucie de dessécher, & dont il s'exhale des vapeurs, qui, durant l'été, empoisonnent, dans une grande étendue, l'air de la campagne de Rome: le commerce est presque nul : l'argent comptant est si rare, que les plus grands banquiers de Rome ne sont pas en état de payer en espèces les lettres de change les plus médiocres : les étrangers sont obligés de recevoir des billets de banque & de payer à leur tour avec du papier, ce qui est d'une très grande incommodité dans les dépenses journalières & autres qui ne se montent pas à la somme des billets. La république de S. Marino est une perpétuelle satyre contre ce gouvernement ecclésiastique : tout son état consiste en une petite montagne haute & escarpée, au sommet de laquelle est la ville. Cette montagne est stérile & enclavée dans l'état du pape : cependant elle fourmille de monde, tandis que les plaines les plus fécondes du patrimoine de S. Pierre sont dépeuplées ; & les Sansmarins se maintiennent honnêtes & vertueux au milieu de voisins les plus méchants de toute l'Italie.

En relisant votre lettre je m'apperçois que je n'ai point satisfaite votre curiosité sur les différentes questions, que vous m'y avez faites au sujet de l'académie des Arcades: auſſi ai-je entiérement oublié de me procurer les informations que vous me demandez: je vous en dirai donc en peu de mots tout ce que j'en ſais. On m'a aſſuré que le chef de l'académie vend la verve poétique, dont un arcade a beſoin, pour dix livres, & même pour moins, ſi on n'en témoigne pas grande envie: ainſi Madame M. ſe donneroit inutilement la peine de faire un ſonnet Italien pour en meriter l'entrée, puisqu'elle peut l'avoir à meilleur marché: j'ignore, ſi parmi ces Academiciens il y a de gens de quelque mérite: car je ne ſais pas même, ſi le prince Chigi, que les gens de gout tiennent pour le meilleur poete de Rome, eſt de leur nombre. Tout ce que je ſais de bien certain c'eſt, qu'il y a quantité d'Academiciens qui ne ſauroient faire ni un vers, ni rien qui vaille. Si vous allez confronter ceci avec les rélations imprimées de tant de voyageurs, il vous tombera peut-être dans l'eſprit de me ſoupçonner d'exagération. Mais je ne ſaurois qu'y faire: j'aime mieux vous dire la vérité tout ſeul, que vous tromper de concert avec les autres, dont la plûpart pensent pourtant, comme moi : quoiqu'ils écrivent le contraire, soit pour faire voir qu'ils n'ont pas eu à faire à des sots, ou pour procurer en Italie du débit à leurs livres.

Il y a dans cette académie plusieurs femmes, qui sont peut-être ce qu'il y a de mieux : car j'en connois quelques-unes qui font de très-beaux vers, qui est la seule partie de littérature, où une femme Italienne puisse ordinairement réussir. Car, après avoir été obligées à consumer la plus grande partie de leur jeunesse à lire les fatuités spirituelles des moralistes Italiens, elles ne sont plus propres, lorsqu'elles viennent depuis à gagner un peu de liberté, qu'à ces sortes d'études, où la nature peut plus que l'art. Aussi n'est-ce pas par le gout qu'elles brillent le plus : car le pere Segneri, & les autres écrivains ascétiques de cette nation, qui sont les premiers auteurs qu'on met entre les mains des femmes, sont de méchants maitres en fait de gout. C'est pour cette même raison, je crois, que l'on voit en Italie beaucoup de fem-

mes s'appliquer aux mathématiques, qui ne sont point de la compétence de ce sexe, & qu'au contraire on n'en voit guéres de celles qui ayent quelque teinture de belles lettres, lesquelles leur conviendroient mieux que toute autre science. Une dame nous racontoit l'autre jour dans une cotterie, comment elle étoit devenue mathématicienne, & son histoire est celle de toutes les mathématiciennes de l'Italie. " à
" peine, nous dit-elle, fus-je la mai-
" tresse de rémercier S. François de Sa-
" lis pour ses beaux livres ascétiques,
" & l'abbé Chiari pour ses très-mauvais
" romans, que je vis paroître consécu-
" tivement à Rome deux belles dames
" angloises qui enchantoient tout le
" monde par leurs discours encore plus
" que par leur beauté. Cela me donna
" une furieuse tentation de briller & de
" plaire comme elles. Dans cette vue je fis
" prier chez moi le pere Cordara jesuite,
" qui passoit alors pour être le plus
" bel esprit de Rome, & le demandai,
" s'il pouvoit me faire connoître A-
" nacréon, la Fontaine, Virgile, Ho-
" race, Boileau, Milton, Swift,

" Hume, Montagne, Tacite, Robert-
" fon & quelques autres auteurs que
" j'avois entendu citer fouvent par ces da-
" mes. Le pere me répondit qu'oui ; mais
" qu'il falloit beaucoup de temps & beau-
" coup d'application avant que je puſſe feu-
" lement arriver à entendre les langues,
" où ces grands hommes écrivirent. Ce-
" la m'effraya: car je voulois briller
" fur le champ, & je ne me fouciois
" pas de commencer à pouvoir plaire
" de là à vingt ans Je le priai donc
" ingenument de me montrer une fcien-
" ce, pour laquelle il ne fallut pas
" tant de préparatifs: il m'indiqua l'Al-
" gébre & la Géometrie, & m'envoya
" un abbé qui m'en apprit aſſez tôt
" les élémens. Dés lors je commençai
" à m'emparer de toutes les converſa-
" tions: mes théoremes & mes corol-
" laires étonnerent d'abord tout le
" monde: mais comme on fe fut un
" peu familiarifé avec mes connoiſſan-
" ces, je fis bailler tout le monde, &
" ces bâillemens me firent changer de
" gout: car enfin les femmes font fai-
" tes pour plaire & non pour faire bail-
" ler.

Les femmes Romaines sont rénommées pour leur gravité: & les antiquaires pretendent qu'elles ressemblent à cet égard aux femmes de l'ancienne Rome. J'ai beaucoup entendu parler de la gravité des anciennes matrones de Rome: mais quand je lis les auteurs anciens, il me paroit que ces matrones étoient bien rares. La harangue de Caton pour la loi Oppia, qui n'est pas un conte fait à plaisir par Tite Live, mais un abrégé de celle, que ce grave personnage a réellement tenue devant le peuple, où cet orateur se plaint de l'insolence des matrones de son temps, qui s'étoient avilées de paroitre en public à obséder les sénateurs, les magistrats & les principaux citoyens, pour les engager à abroger cette loi, qui les gênoit dans leurs parures; l'histoire des débauches affreuses qui se commirent à Rome lors de la premiere introduction des bacchanales, où les femmes jouerent le principal rôle; la licence des divorces, décrite par Séneque, qui accuse les femmes de son temps d'être dans l'habitude de changer toutes les années de mari; la conduite de la femme vertueuſe du ſevere Caton d'Utique, qui ne fait point de difficulté de quitter pour quelque temps ſon vieux & dur mari, & de ſe laiſſer prêter, au rapport de Plutarque & d'autres hiſtoriens, au galant Hortenſius pour lui faire un enfant; celle de la femme de Germanicus, la plus auſtere & la plus chaſte de toutes les matrones de ſon temps, qui alloit pourtant viſiter les ſoldats, & panſer & conſoler les bleſſés, de ſorte qu'elle en faiſoit enrager juſqu'à Tibere, le plus débauché des Romains: tous ces exemples & une infinité d'autres me rendent un peu ſuſpecte la gravité des anciennes matrones de Rome.

Mais quoiqu'il en ſoit, les confeſſeurs & les prédicateurs proteſtent que cette gravité ne fait point de tort à la galanterie: & il faut bien les en croire, puiſqu'ils ſont au fait de cela mieux que ceux qui ne peuvent en juger que par l'extérieur. Dans ce cas, je croirois volontiers que la gravité de ces femmes doit être un appas de plus pour les hommes: car l'idée de pouvoir triompher d'une matrone doit être certainement plus flatteuſe, que celle de triompher d'une femme ordinaire. Auſſi cette gravité tient-elle lieu de beauté à la plûpart des Romaines: car les belles ſont plus rares ici qu'ailleurs. Il eſt vrai que d'autres diſent qu'elles ſont généralement belles: car tous les hommes n'ont pas les mêmes idées ſur la beauté d'une femme; outre cela dans un pays, où il y a défaut de belles, on prend aiſément pour telles bien de celles qui, dans d'autres pays, nous paroîtroient s'approcher de la laideur. Quant à moi j'appelle belles les femmes, qui approchent le plus de la princeſſe Pantée, dont Lucien a fait la peinture.

LETTRE DIX-SEPTIEME.

NAPLES le 6 Octobre 1775.

Prodigieux changemens opérés par la mer, les volcans, les tremblemens de terre, par le temps & les hommes dans les pays de Naples & de Sicile. Différence du climat & du terrein de Naples d'avec celui des autres pays de l'Italie. La Pouille: ses productions. l'Abruzze & ses productions. Population des royaumes de Naples & de Sicile. Revenus du roi de Naples: causes de leur modicité. situation avantageuse de ses états pour le commerce: entraves du commerce. Francs-maçons: cause de leur persécution. Arrendamenti & les inconvéniens qui en résultent. Taxes & gabelles des différentes sortes: exécutions du clergé.

Depuis mon départ de Rome je n'ai fait que voyager dans les différentes provinces des royaumes de Naples & de Sicile: c'est la seconde fois que je suis tout le tour de ces païs: c'est sans doute le plus fatiguant de tous les voyages d'Italie, mais aussi le plus propre à enchanter un homme qui a d'autres desseins que de se promener. Les chemins sont le plus souvent très mauvais, & dans bien des endroits très-dangereux, à cause des bandits, qui ne sont pas des poltrons, comme quelques voyageurs ont voulu le faire accroire, mais des coquins très-hardis & très déterminés: les auberges sont détestables, & dans la Calabre ainsi que dans la Sicile, elles sont encore rares: on vous fait mourir de faim, & coucher sur des grabats couverts de poux & de scorpions: & l'on vous fait payer comme si vous y aviez fait le dégat. Les antiquités, pour lesquelles les étrangers entreprennent ordinairement le voyage d'Italie, sont, dans toutes ces contrées, ou ensevelies sous des éruptions de volcans, ou couvertes par des forêts impénétrables, ou détruites par le tems & les hommes. Mais il y a en échange d'autres choses qui excitent dans ces païs l'attention des voyageurs: ce sont les variations de la nature, les ravages du tems, & les changements opérés par les hommes, qui font plus extraordinaires & plus furprenans dans ces contrées, que partout ailleurs. D'anciennes montagnes fe font affaiffées, des vallons fe font comblés, des lacs ont disparu; de nouvelles montagnes fe font élevées au milieu des plaines; des terreins unis fe font changés en de profonds vallons: de nouveaux lacs fe font formés jusques dans les fables & fur des rochers: dans certains endroits la mer a englouti des villes & fubmergé des campagnes; dans d'autres elle a enfanté des ifles: quelque part elle a gagné du terrein & ailleurs elle s'eft retrécie: les volcans & les tremblemens de terre ont d'un côté tout emporté & d'un autre ils ont produit de nouvelles collines & de nouvelles plaines: dans bien des endroits le feu, vomi par des montagnes ardentes, a deffeché les eaux de la mer & comblé fon fonds de maffes énormes de pierres & de rochers qui, dans la fuite des fiécles, font devenus des païs habités & de fertiles campagnes.

Mais les changemens opérés par les hommes font d'un genre bien différent: ils ont détruit & n'ont rien mis à la place: ils ont rafé jusqu'aux fondemens les villes les plus fuperbes, converti les campagnes les plus fécondes & les endroits les plus délicieux en déferts & en forêts horribles, changé les plus beaux ports en lieux inaccessibles, dépeuplé & appauvri les provinces les plus floriffantes par les guerres & les ravages, avili & abruti les habitants par la deftruction des arts & des fciences. La grande & délicieufe ville de Capoue n'exifte plus que par le nom que s'en eft approprié une pauvre ville bâtie dans fon voifinage: Syracufe, la plus magnifique & la plus opulente des villes de la Sicile, la rivale de Carthage, ne conferve plus, des différents quartiers qui formoient fon enceinte immenfe, qu'une petite pointe ifolée, appellée *Ortigia*; *Sybaris*, fi célèbre par fa population presque incroyable & fi décriée par les mœurs efféminées & voluptueufes de fes habitants; *Croton* dont fortit l'armée de trois cens mille hommes qui détruifit *Sybaris*; *Metapontum* où Phytagore fonda fa principale école; *Mamertum* ville fameufe par les fcélerats qui allumerent la premiere guerre entre les Romains & les Carthaginois; *Selynus* dont l'histoire donne une haute idée de son ancien état; *Poestum*, la principale ville de celles qui étoient sur le golfe appellé aujourd'hui de Salerne; enfin *Bayes* & *Cumes*, ces délicieux rendez-vous de la noblesse Romaine, ces lieux enchanteurs qui changeoient les plus graves sénateurs de Rome en libertins, les plus grands capitaines en gens efféminés, & les matrones en catins, sans parler d'un grand nombre d'autres villes, n'existent plus que dans de misérables cabanes ou dans de tristes ruines. Les autres villes que la fureur des hommes, le feu des volcans, les tremblemens de terre & la mer ont épargnées, n'ont, excepté cinq ou six, qu'une existence languissante qui étonne les personnes instruites de leur ancienne splendeur.

La comparaison de l'état actuel de ces contrées avec leur état ancien n'est pas la seule chose qui occupe un voyageur curieux. Ces païs, situés à l'extremité méridionale de l'Italie, ne ressemblent pas beaucoup à ceux du milieu & encore moins à ceux de l'extremité septentrionale: le climat, le terrein, les productions de la terre & de la mer, les mœurs des habitants, offrent à la curiosité d'un homme attentif des variétés, des différences & des nuances intéreſſantes.

Quand on arrive de Rome à Terracine, on y rencontre déja un climat & un païs différents de ceux qu'on a vus jusques là. Tandis que dans la Lombardie, dans la Toscane & dans la Romagne l'hyver regne encore, on voit au Nord du royaume de Naples pouſſer déja la violette & l'oeillet; & les païſans porter les petits pois dans les couvents & aux marchés: on y marche ſur la verdure & l'on promène ſes yeux ſur des côteaux couverts d'arbres, dont les uns n'ont jamais perdu leurs feuilles & les autres recommencent déja à s'en parer: ce ſont des figuiers d'Inde, des lauriers, des myrtes bien différents de nos myrtes ſauvages, des oliviers, des orangers & des citroniers de diverſes ſortes, des grenadiers, des capriers, des meuriers, des jujubiers, des cyprès, des platanes, des chênes verds, des liéges qui font une efpèce de chêne verd portant du gland & qui, au contraire des autres arbres, fe fortifient à mefure qu'on les dépouille de leur écorce, des lantisques qui donnent le maftic, des caroubbiers qui portent des filiques longues d'un demi pied, & groffes comme des coffes de féves, dont le fruit eft d'un goût mielleux approchant de celui de la manne, par ci par là jusqu'à des palmiers, qui comme étrangers à l'Italie ne donnent ordinairement des fruits, que dans quelques endroits de la Calabre & de la Sicile. Je ne vous dirai rien de différentes fortes d'autres arbres plus communs, ni de vignobles & de vergers, qui offrent ici, comme dans tout le refte de l'Italie, des variétés inconnues dans les païs fitués vers le Nord. Après la petite ville d'*Itri*, qui eft fur la même route, jusqu'à Naples, la campagne devient infenfiblement plus riante: plus on s'approche de la capitale, plus elle fe montre fertile, variée & agréable. C'eft la campagne heureufe des anciens Romains, que les modernes appellent la Terre de Labour: du côté de l'Oueft elle eft baignée par la méditerranée, qui y tempere également les ardeurs de l'été & les rigueurs de l'hyver & qui repand dans l'air & sur le sol ses vapeurs bienfaisantes. Du côté de l'Est, cette belle campagne s'étend jusqu'aux limites de l'ancien *Samnium* & de la Pouille. Le *Samnium* qui est au Nord de la Terre de Labour, comprend, outre le district de Bénévent qui appartient au Pape, le comté de *Molise* & l'Abruzze: cette étendue de païs que l'Apennin traverse dans sa longueur en ligne oblique, n'offre pas de si belles campagnes à beaucoup prés, que sont celles de la Terre de Labour: mais en échange ses montagnes & ses vallons abondent en excellents pâturages, en plantes aromatiques & medicinales, en bois & en gibier de toute espèce. D'ailleurs ce païs ne manque ni de bled, ni de ris, ni de vin. La Pouille qui est au Sudest, est de tous les païs soumis à la domination du roi de Naples, celui qui a le moins dégéneré de son ancien état: elle est remplie de villes, de bourgs & de villages: la population y est considérable, la noblesse nombreuse & floriffante, les vivres à un très bas prix, les habitants plus induſtrieux que dans le reſte du royaume: ils ont planté des vergers & des vignobles jusque ſur les bords ſabloneux de la mer: les routes les plus fréquentées y ſont des plus belles & des plus commodes; & il s'en faut de beaucoup, qu'elles ſoient auſſi infestées par les bandits, que quelques voyageurs mal-inſtruits l'ont débité dans leurs rélations: les auberges y ſont les moins mauvaiſes de tout le royaume & ne ſont certainement pas auſſi déteſtables, que le rapportent ces mêmes voyageurs, qui apparemment n'ont pas été dans ce païs. Tout ce que les plaines les plus fécondes fourniſſent aux hommes pour leur ſubſiſtance; tout ce que la mer méditerranée & le golfe adriatique renferment de plus délicat en poiſſons & en coquillages, la Pouille le donne en abondance; bled, vin, huile, ſel, fruits de toute eſpèce, coton, ſafran, manne, herbes & plantes médicinales & potagères. Les raiſins y viennent d'une grandeur incroyable & d'une douceur délicieuſe: il y en a dont les grains ſont gros comme des prunes: on y fait différents fortes de muscats, des vins agréables, de très bons corinthes: les huiles y feroient d'une excellente qualité, fi les habitants favoient les préparer: les pâturages pour toute forte de bétail font excellents & abondants: les thons, les mourenes, les épées, ou empereurs, & tous les poiffons que l'on pêche fur les côtes de la Pouille, font les meilleurs de toute la méditerranée: j'y ai mangé d'une mourene qui pour la grandeur & la délicateffe furpaffoit toutes celles que j'avois vu jusqu'alors. Les Romains avoient bien raifon de faire beaucoup de cas de cette efpèce d'anguilles: elles font plus blanches, plus délicates & plus faines que les anguilles ordinaires.

La Calabre & la Sicile étoient autrefois les païs les plus floriffants, les plus peuplés & les plus riches de toute l'Italie; mais aujourd'hui on n'y voit pas même les veftiges de leur ancienne fplendeur. Cependant le climat & le fol y font toujours les mêmes; mais les hommes y ont dégénéré prodigieufement. L'ordre exigeroit que je vous fiffe ici une defcription de ces deux provinces; mais au lieu de cela, je vous enverrai des copies de plufieurs lettres que j'ai écrites à un ami fur les lieux mêmes.

Toutes ces provinces nourriffoient autrefois des peuples immenfes: elles formoient plufieurs états des plus floriffants de l'univers ; aulieu qu'aujourd'hui elles ne compofent toutes enfemble qu'un état des plus médiocres par rapport à fes forces actuelles & aux revenus du roi. L'Abruzze toute feule, qui n'eft à préfent qu'une des provinces les moins confidérables du royaume de Naples, formoit anciennement un état puiffant; comme le prouvent les guerres fanglantes & opiniâtres que les Samnites, qui étoient les anciens habitants de ce païs, foutinrent pendant plufieurs fiécles contre la puiffance des Romains. Si les Hiftoriens de Rome n'ont pas trop exagéré les pertes d'hommes, que ce peuple belliqueux a effuyées dans les quatre vingt batailles qu'il a livrées à fes victorieux rivaux, il faut néceffairement que le *Samnium* tout feul renfermât un plus grand nombre d'ames que ne contient aujourd'hui la moitié des royaumes de Naples &

de Sicile. De même si l'on peut ajouter foi à ce que les historiens grecs rapportent de la population de Syracuse, avant qu'elle fut tombée sous la puissance des Romains, le nombre des habitants de cette puissante république, y compris l'immense multitude d'esclaves, étoit aussi grand que l'est aujourd'hui le tiers des sujets du roi dans toute la Sicile. Cependant les états du Roi de Naples sont des plus peuplés de l'Italie. Dans un dénombrement que le gouvernement a fait faire en 1767 & 1768. on a trouvé que la population des royaumes de Naples & de Sicile, montoit alors à trois millions huit cent treize mille sept cent cinquante quatre ames. La Sicile n'en contenoit qu'un peu plus de sept cent mille. Des voyageurs modernes pretendent prouver que la population du royaume de Naples tout seul, sans celle de la Sicile, passe les six millions: mais les preuves qu'ils en donnent, ont certainement été alterées par ceux qui les leur ont communiquées. Cependant il est vrai qu'elle est augmentée depuis neuf ans de plus d'un million.

Tant de monde & tant de provinces

ne donnent cependant au roi que de petits revenus. Tel roi qui n'a que la moitié de fujets, dont les provinces font en grande partie ftériles & dont les états font environnés de tous côtés de puiffants voifins, a mis fur pied une armée formidable, conquis des provinces & accumulé des tréfors, tandisque les rois de Naples auroient de la peine à faire trembler le pape, & manquent de forces pour protéger leurs états & leurs fujets contre les Barbarefques. Le préfent roi d'Efpagne avoit commencé durant fon regne à Naples à réformer les défordres & à ôter les inconvénients qui affoibliffent la couronne: mais il n'a fait qu'entamer la chofe; & ce qu'il a fait n'eft rien en comparaifon de ce qui refte à faire. Les principales branches des revenus de la couronne font hypotéquées à des particuliers qui, dans les différents tems où les rois de Naples ont été en guerre, en ont fait l'acquifition pour des fommes très médiocres, qui leur valent à préfent le double & même le triple de ce qu'ils ont prêté à la couronne. Le roi Don Carlos a racheté quelques branches de ces revenus; mais les plus importantes sont encore entre les mains des particuliers. Si le roi son fils entreprendra un jour de suivre à cet égard le systême de son pere, il se trouvera bientôt en état d'en venir entiérement à bout: quantité de familles nobles sont sur le point de s'éteindre: elles possédent toutes des fiefs considérables: & il y en a qui ont plus de deux cent cinquante mille livres de rente. Tous ces fiefs retomberont à la couronne à l'extinction prochaine de ces familles; & pour lors il sera aisé au roi de révendiquer les rentes hypotéquées. Cependant il s'en faut de beaucoup que cette opération seule puisse enrichir la couronne. Pour cet effet il reste encore deux grandes choses à faire: l'une est de faire fleurir le commerce, & l'autre de retrancher au clergé le superflu qu'il posséde au préjudice de l'état & des sujets. Il n'y a pas long tems que les manufactures & le commerce étoient concentrés dans deux ou trois états de l'Europe; mais à présent toutes les puissances commencent à faire valoir les productions de leurs païs,

& à procurer à leurs sujets le moyen de pouvoir se passer de celles des païs étrangers, & de l'industrie des autres peuples. Dans cette activité générale les Napolitains continuent à ne faire que des macarons & des cordes de violon, comme ils faisoient il y a quelques siécles. Cependant les royaumes de Naples & de Sicile sont les païs de l'Europe où le commerce puisse s'établir & se conserver le mieux: ils sont situés entre la méditerranée & le golfe Adriatique, & abondent de toutes les choses les plus nécessaires à la vie, telles que le bled, l'huile, le vin, la soye, la laine, les fruits de toute espèce. Le ministere de Naples néglige beaucoup trop cet important article; il fait pire, car il soutient les anciens abus & invente même de nouvelles entrâves qui empêchent l'établissement des fabriques & les progrès du commerce. Il y a quelques années que des particuliers avoient établi ici une fabrique de drap: d'autres particuliers en conçurent de la jalousie: ils gagnerent quelques personnes du ministère qui firent éprouver toutes sortes de vexations aux propriétaires de la fabrique; & ils furent obligés de l'abandonner; après quoi leurs rivaux en établirent une autre de la même espèce: & peut-être éprouveront-ils un jour d'autres vexations à leur tour. Cette année on a beaucoup souffert par la disette du bled: les monopoleurs profiterent, comme à l'ordinaire, de cette occasion pour vendre à un prix exorbitant pour de pauvres sujets, du mauvais bled & de la mauvaise farine: le marquis *Tannucì* crut remédier à ce désordre en établissant un magazin, où l'on vendoit de la farine des domaines du roi, qui étoit de bonne qualité; mais la moitié des habitants n'étoient pas en état d'en acheter; parce qu'elle étoit plus chere que celle des monopoleurs. Une autre fois je me trouvai ici dans un tems où le bled étoit devenu si rare, que tout le monde manquoit de pain, & quantité de pauvres gens mouroient de faim. Cependant divers princes de la Calabre, de la Pouille & de la Sicile se plaignoient de ce qu'ils avoient dans leurs terres des greniers remplis de bled qui y pourrissoit & qu'ils ne pouvoient pas faire venir de là, parceque les fraix du transport & les droits qu'ils en auroient du payer au gouvernement, en auroient absorbé tout le bénéfice. On auroit pu éloigner ce fléau en ôtant ces taxes; mais on aima mieux donner des cocagnes qui fournirent, pour quelques jours, la subsistane aux plus vigoureux Lazzarons & qui n'empêcherent pas de mourir ceux qui, exténués par la faim, se trouverent hors d'état de courir avec les autres. Je me reserve de vous entretenir encore sur ce sujet dans les lettres suivantes; car les différentes provinces, dont je me propose de vous parler, m'en fourniront plusieurs fois l'occasion. En attendant je vais satisfaire votre curiosité en vous répondant sur les différens articles de votre derniere lettre. Vous commencez par me demander des nouvelles des Francs-maçons de cette ville.

Vous êtes étonné de ce que l'on persécute ici les Francs-maçons, tandis qu'on les souffre partout ailleurs; puisqu'on est convaincu qu'il ne se passe rien de mal dans leurs loges; vous vous imaginez que cette persécution vient des moines, parceque les moines ne veulent pas que les gens s'assemblent ailleurs que dans leurs oratoires : on est ici persuadé du contraire : il y a tel ministre qui craint les assemblées des honnêtes gens encore plus que les moines: il sait que les Napolitains sont mécontents & remuants : il craint pour lui-même & non pour les moines qu'il méprise comme il faut: cela l'a engagé à défendre ces assemblées, non par amour pour la religion, mais pour amour pour lui-même. L'édit publié là-dessus déclare expressément qu'on regardera ces assemblées comme des attentats contre la majesté, & les associés comme coupables du crime de leze-majesté au premier chef. Ainsi le motif qui les fait défendre ne vient pas de la superstition, mais d'une fausse politique qui persuade que la crainte peut empêcher les gens d'esprit de remuer.

On reproche aux Italiens & aux Espagnols d'être de très-mauvais politiques, malgré la grande opinion qu'ils ont de leur adresse & de leurs talents à cet égard. Leur politique est celle que Machiavel décrit dans son livre *du prince*, sur ce qu'il a vu pratiquer de son tems & sur ce qui a toujours été pratiqué auparavant par les princes & les ministres de ces contrées. Mais Machiavel fait voir, dans ses discours sur Tite Live, la fausseté & la méchanceté de la politique de son prince. Cependant ces faux politiques s'en tiennent au tableau du prince & négligent les remarques sur Tite Live, parcequ'il est plus aisé, quand on est à l'abri des loix & le maître des juges, de faire de méchantes choses que de bons raisonnements. Dans ces païs-ci les personnes qui par la bonté de leur prince tiennent en main les rênes du gouvernement, s'imaginent que pour se maintenir toujours puissants, il leur est indispensable de faire naitre & d'entretenir des divisions parmi la noblesse, de semer la discorde entre tous les corps de l'état, d'opprimer les uns, de vexer les autres & de se tenir constamment cachés dans un cabinet, tant pour que personne ne puisse épier leurs actions ni remarquer leurs intrigues, que pour se ménager des prétextes pour ignorer les maux qu'ils repandent dans le public à l'aide de leurs confidents. Mais les peuples du midi sont trop fins pour ne pas s'appercevoir à la longue de la façon dont on les mene. Pour lors on s'unit, on conspire, on trame & l'on vient bientôt à bout de ses desseins. Cela ne manquera certainement pas d'arriver encore ici ; & les édits menaçants, au lieu de reprimer, ne font qu'aigrir les esprits. Il y a des nations où les hommes en place sont pris pour ce qu'ils sont & non pour ce qu'ils valent. Mais les peuples de ces contrées ont une façon de penser toute différente. Depuis Florence jusqu'à Palerme les gens ne se laissent pas en imposer par les rangs, par les habits riches, par les gros ventres, par les équipages, par le bâton : ils apprecient au contraire, chacun à sa manière, le merite des ministres, & même des princes ; ils examinent & censurent toutes leurs actions & toute leur conduite ; ils sont plus encore ; car ils prétendent les sonder jusqu'au fond de leur ame. Je me rappelle qu'en Allemagne aucun Bourgeois, même aucun de ces Bourgeois titrés, de ces conseillers de la cour, de ces conseillers de justice, de ces conseillers de guerre &c. n'a jamais sû me donner la moindre idée du mérite, de la capacité, de la conduite des membres du ministère : c'est bien autrement ici : tout le monde, depuis le premier courtisan jusqu'au dernier lazzaron, se mêle de les juger : & il est bien juste à mon avis que les peuples aient cette petite satisfaction pour le joug qu'on leur fait porter.

Vous voulez savoir en second lieu ce que c'est que les *Arrendamenti*. Ce sont des droits imposés sur différentes denrées & marchandises. Il y en a de trois sortes ; ce qui fait que les jurisconsultes de ce païs en forment trois classes. La premiere comprend les gabelles qui appartiennent au roi : celles ci ont été établies du temps des princes Normans, & formoient alors la partie la plus considérable de leurs revenus, & de ce qu'on appelloit leur patrimoine. Ils rangent dans la seconde les gabelles, que les rois ont imposées successivement dans les temps postérieurs, & qu'ils ont vendues ou hypothequées depuis à différents particuliers pour de l'argent comptant. A la troisiéme appartiennent celles, qui, dans de temps plus récens, ont été imposées, avec la permission du roi, par les magistrats de la ville sur les denrées & marchandises, qui s'y débitent & consomment : ces revenus servent à fournir aux depenses économiques de la ville, à payer au roi des contributions reglées pour ses besoins extraordinaires, enfin a payer les intérêts des sommes que la ville a empruntées en différentes occasions des particuliers, pour lesquelles elle leur a hypothéqué les *arrendamenti*.

Dans l'avant dernier siécle les gabelles de la métropole étoient de la moitié plus fortes qu'elles ne sont à présent. Les Napolitains trouverent ce fardeau insupportable : ils se révolterent en 1647, & pour les appaiser il fallut abolir toute espèce de gabelles. Si cela avoit duré longtemps, les Napolitains n'auroient plus trouvé de rois, & un grand nombre de particuliers, qui avoient prêté de grandes sommes au roi & à la ville, feroient morts de faim. On fut donc bientôt obligé d'en revenir aux gabelles : on les rétablit, mais diminuées de la moitié. Voici le pied fur lequel font actuellement les gabelles de cette ville. Le fel eft fujet à deux grandes gabelles, ce qui fait que cette denrée eft ici très chere, tandis que la mer & le foleil l'offrent tout fait pour rien : il y en a deux autres fur la foye, ce qui augmente de beaucoup le prix de cette marchandife, & en diminue confidérablement la culture dans des contrées qui en pourroient fournir à toute l'Europe : il y en a encore deux fur l'huile, deux fur la viande, deux fur le poiffon, enfin deux fur le vin, fans quoi les habitans auroient de quoi crever tous les jours à force de boire & manger à trop bon marché. Il y en a une fur la vieille farine, une autre fur la nouvelle : le favon, le fer, les œufs, les chevres, les cabris, l'eau de vie, la neige même, que le mont Vefuve donne pour rien & qui eft fi néceffaire ici pour rafraîchir & pour gêler les boiffons, payent la gabelle : & chacun de ces articles forme un *arrendamento* à part, qui est levé par des employés différens & dirigés par des bureaux aussi différens. Outre tous ces *arrendamenti* il y en a encore deux autres, savoir celui de la douane pour les droits d'entrée & de sortie, & celui de la grande place pour les denrées qui y sont portées à vendre. Tout cela ne regarde que la Métropole. Les droits des autres villes & des provinces sont sur un autre pied.

Les Eccléfiastiques prétendent être exempts de tous ces droits & gabelles: les uns disent que cette exemtion leur est due de droit naturel, les autres de droit divin; les plus modérés se contentent de la devoir au droit ecclésiastique, c'est-à-dire au droit fait par le clergé lui-même. Cependant le pape les oblige à payer à l'état une petite portion de ces taxes: mais pour avoir cette permission de traiter les ecclésiastiques, qui possèdent la plus grande partie des richesses du royaume, comme s'ils n'en possédassent que la plus petite, la ville & les interessés aux *arrendamenti* payent à S. Pierre vingt trois mille cent quarante quatre ducats de Naples par an; & sans le payement de cette somme les Napolitains ne pourroient être ni catholiques, ni honnêtes gens, parcequ'on les excommunieroit comme violateurs de toutes les loix naturelles, divines & humaines & on les donneroit à tous les diables. Un avocat Napolitain me difoit fur cela dans un caffé (car ici on peut tout dire partout) avec le feu & la petulance ordinaire des gens de ce païs-ci: „ fi le clergé eft exemt „ des gabelles de droit naturel ou di- „ vin, le pape devient lui-même, en „ foumettant pour de l'argent le cler- „ gé au payement de ces droits, le „ violateur de ces loix. Si au contrai- „ re il n'y a que des loix eccléfiafti- „ ques qui exemtent le clergé des tri- „ buts, ce fut une grande méchanceté „ que de les avoir faites ces loix, & „ c'en eft une autre que de vouloir „ qu'elles fubfiftent fous peine de dam- „ nation éternelle; & ç'en eft une „ plus grande encore que de fe relâ- „ cher de toute cette rigueur pour de „ l'argent, que les pauvres, les veu- „ ves, les orphelins non moins que les „ riches font obligés d'envoyer tous „ les ans au plus puiffant & plus opu-

,, lent de tous les prélats. Mais nous
,, meritons bien tout cela, puisque
,, nous nous opiniâtrons à vouloir être
,, fôts à nos depens, & que nous vou-
,, lons abfolument, que la cour de
,, Rome fe mocque & fe joue de nous,
,, comme fi pour être bon catholique
,, il étoit néceffaire d'être dupé ''.
Il n'y eut pas une feule perfonne qui
n'approuvât ce discours de l'avocat : cependant le nonce du pape ne
laiffe pas de tirer tous les ans cet argent, tandis que quantité de pauvres
veuves & de pauvres orphelins, qui ont
leur peu d'argent placé dans ces *arrendamenti*, manquent de vêtemens & de
nourriture. Les vingt trois mille ducats par an, qui ne font que très peu
de chofe pour le pape, feroient un
grand changement dans les fortunes
des pauvres intéreffés aux *arrendamenti*, fi au lieu d'être envoyée à Rome, cette fomme étoit laiffée à ceux
à qui elle appartient de raifon.

LETTRE DIX-HUITIEME.

NAPLES le 12. Octobre 1775.

Le climat n'est pas la cause de la paresse & du peu d'industrie des Napolitains & des Siciliens. Etat ancien de ces peuples, différence de la chaleur de ce climat d'avec celle des climats septentrionaux. Quels sont les véritables fléaux de ces contrées: richesses du clergé. Nombre des moines & des religieuses. Couvents de la ville de Naples. Couvent de chartreux. Couvent de Monte-Casino dans la Campanie. Autres riches couvents. Mœurs & conduite des moines Napolitains. Le pere Rocco fameux jacobin. Pere Pepe celebre imposteur de la compagnie de Jesus. Charlatans séculiers & ecclésiastiques dans les places publiques. Cochons privilégiés de l'abbaye de S. Antoine. Inconvéniens qui résultent du conflit des superstitions semées par les moines avec les nouvelles lumieres que repan-

dent les gens de lettres. Inquisition bannie de Naples. Magistrature intitulée Tribunal contre le S. Office. Esprit de tolérance du Gouvernement de Naples. Les peres Torè & Minasi savans estimables.

Les habitants de tous ces païs, aussi beaux & aussi fertiles que j'ai eu l'honneur de vous le marquer dans ma précédente, languissent pourtant dans une misère, dont il est difficile de se former une idée, à moins d'avoir été sur les lieux. Bien des philosophes modernes sont dans l'opinion que cela vient du climat, & que la trop grande chaleur des païs du midi y doit rendre nécessairement les hommes paresseux, & étouffer en eux toute activité & toute industrie. Quant à moi, je suis très éloigné de leurs sentiments, & je crois avoir pour moi l'expérience & l'histoire. Si la prétention de ces philosophes étoit vraie, l'Italie n'auroit jamais été cultivée; elle n'auroit jamais été la maîtresse de l'univers: les Napolitains & les Siciliens en particulier auroient toujours été les peuples les plus malheureux de l'Europe. Mais au contraire les habitants du royaume de Naples & de Sicile (car ce n'est pas ici le lieu de parler des Etrusques & des Romains) ont anciennement été des peuples très nombreux, très industrieux & très puissants. Les Samnites qui occupoient l'Abruzze, ont été, pendant long tems, les rivaux des Romains : ils ont fait trembler Rome plus d'une fois : ils ne furent subjugués qu'après vingt-quatre triomphes ; & après tant de défaites, ils donnèrent encore de l'exercice aux armées Romaines: ils étoient, comme les Romains, un peuple agriculteur, ce qui les mit en état de réparer tant de pertes. La Campanie, qui étoit toute parsemée de villes & de bourgs, que Cicéron regardoit comme le principal fonds du trésor de Rome, qui nourrissoit une grande partie de l'immense peuple Romain, qui étoit un lieu de délices pour la noblesse romaine, ne devoit certainement pas être habitée par une peuple paresseux & ennemi du travail. Les Tarentins & les Lucaniens étoient encore des peuples riches &

puiſſants par leur commerce & leur agriculture. Dans des tems plus réculés *Sybaris* ſeule qui n'étoit qu'une ville avec un diſtrict fort médiocre, avoit mis trois cent mille combattans ſur pied. Les Sybarites vous rappellent les Crotoniates leurs vainqueurs qui ne poſſédoient pas non plus un grand diſtrict, malgré leur grande puiſſance. *Rhegium* & *Locres* étoient des villes très floriſſantes. Je vous ai déjà parlé de la grande puiſſance & des richeſſes immenſes des Syracuſains & de quelques autres peuples de la Sicile. Tous ces peuples étoient donc laborieux, actifs & induſtrieux; le climat ne produiſoit donc ſur eux aucun mavais effet: il paroit même au contraire que loin de les affoiblir, il les fortifioit, & loin de leur avilir l'ame, il la leur élevoit: cependant le climat des ſiécles paſſés eſt le même que celui d'aujourd'hui.

Dans les mêmes tems que les peuples d'Italie étoient riches & puiſſants, ceux de la France, de l'Allemagne, de l'Angleterre & des autres contrées du Nord étoient beaucoup plus pauvres que ne le ſont les Italiens modernes: leur païs n'étoit pour la plupart que des deserts affreux, des forêts, des marais. Si les philosophes de ces tems-là eussent raisonné comme les philosophes modernes, ils auroient dit que les climats froids rendent les hommes paresseux, sauvages & féroces; après quoi l'expérience des siécles suivants les auroit dementis, comme l'expérience des siécles passés réfute les philosophes modernes.

Ceux qui jugent des effets que la chaleur doit produire dans les climats du midi par ceux qu'elle occasionne dans les climats du nord, se trompent très fort. La chaleur de l'air pur des païs méridionaux de l'Italie, n'occasionne pas dans les hommes cette langueur & cet abattement d'esprit, que les chaleurs d'été, quoique beaucoup moins fortes, produisent dans les païs situés vers le Nord, où le ciel n'est presque jamais bien clair & pur, & où le corps est comprimé par un poids immense de vapeurs grossiéres. La chaleur d'un air pur vous donne de la sérénité & même de la vivacité, au lieu que celle d'un air offusqué par des vapeurs & des brouillards vous épuife & vous abbat. Tous les voyageurs qui viennent du nord au midi & qui font attention à tout ce qui fe paffe dans leur corps & dans leur ame, confirment cette vérité par leur propre expérience: il n'y a que le vent de Sud-eft qui, lorsqu'il fouffle, répand dans le corps & dans l'efprit un dégré de laffitude qui peut fe comparer à celle que nous font éprouver les jours brûlants de nos païs.

Il eft donc inconteftable, à mon avis, qu'il ne faut pas attribuer la mifère des Napolitains & des Siciliens au climat, mais à d'autres caufes. Les véritables fléaux de ces peuples font le clergé & furtout les moines, les barons, les loix Romaines, les curiaux & certaines mauvaifes maximes du miniftère.

Les moines & le clergé poffédent des terres & des richeffes immenfes : en Sicile le clergé a eu en partage, dès l'expulfion des Sarrazins, le tiers des biens-fonds. Les hiftoriens rapportent que le Comte Roger, après avoir chaffé, vers le onzième fiécle, les Sarrazins de cette isle, il la partagea en trois parties : il donna la premiere à l'église; les capitaines & autres officiers de son armée eurent la seconde; & il reserva la troisième pour lui : après ce partage, le clergé & surtout les moines firent encore de nouvelles acquisitions, de sorte qu'il y a a Palerme, à Messine, à *Catania*, à *Drapani*, à *Girgenti* & ailleurs des couvents de moines & de religieuses qui ont des richesses prodigieuses. J'ai vu hors de *Catania*, un couvent de moines Bénédictins d'une si grande magnificence, que je n'ai pas vu, dans tous mes voyages, deux maisons royales, qui, à tout prendre, puissent lui être comparées. Des personnes très instruites m'ont assuré que les revenus annuels de ce couvent, montent à plus de trois cent quarante mille livre. L'archevêché de *Montereale* dans la vallée de *Mazara*, à trois lieues de Palerme, n'a pas de plus gros revenus, quoique ce soit le plus considérable, par rapport à la rente, de tous les archevêchés & évêchés des deux royaumes. La Cour de Naples a supprimé cet archevêché, & le pape y a donné son consentement, ayant été obligé d'approuver la raison alléguée par le roi, qui étoit que ces revenus lui étoient nécessaires pour tenir les barbaresques éloignés de ces côtes. Mais il paroit que cela ne suffit pas, puisque les Corsaires ne laissent pas d'infester ces côtes & d'enlever les vaisseaux Napolitains sur mer, & de venir jusques dans le continent y enlever les voyageurs, & les promeneurs. Il seroit donc nécessaire que le gouvernement s'emparât aussi des revenus des Bénédictins de *Catania* & de bien d'autres couvents pour mettre sa marine sur un pied plus respectable.

Malgré les grandes richesses du clergé de Sicile, celui du Royaume de Naples est encore plus riche : il possede, pour le moins, la moitié des biens du royaume, & la plus grande partie de ces richesses est entre les mains de la partie la plus inutile du clergé, savoir les moines & les religieuses. Avant le regne du pape Ganganelli, on comptoit environ cent mille moines & religieuses ; mais ce pape ayant aboli les Jésuites, & ayant accordé à une infinité d'autres moines, la permission de quitter le froc, le nombre en est à présent diminué de beaucoup. Des religieuses du couvent de Ste. Claire à Naples, m'ont assuré que ce pape avoit aussi fait beaucoup de mal a leur ordre par le mépris qu'il avoit montré pour la vie claustrale, les séculiers ayant appris du S. Pere à en faire autant. Elles me dirent qu'avant son élevation au thrône pontifical, il y avoit tous les ans tant de postulantes pour leur ordre, qu'elles n'en pouvoient recevoir que la plus petite partie; au lieu qu'à présent elles sont obligées de solliciter elles-mêmes les parents de leur accorder leurs filles. Malgré cela, il y a à Naples pour le moins autant de moines & de religieuses qu'il y en a à Rome même. Les couvents occupent les plus beaux emplacements de la ville. Le Pausilipe & le mont S. Elme sont tous couverts de couvents du haut en bas; & les moines ont bouché toutes les belles avenues qui menent à ces collines, qui feroient de très belles promenades dont Naples manque entiérement; car je compte pour rien les promenades le long de la mer, dont on ne peut jouir que longtems après le coucher du foleil, parcequ'elles font à découvert, fans arbres & fans portiques. Les chartreux font dans la plus belle fituation de toute la ville: car de leur couvent, qui eft fur le mont S. Elme, on voit tout Naples, le port & le baffin, le Véfuve, le Pau-fllipe, une partie de la plaine de la Campanie jusqu'à Caferte, qui eft à cinq lieues de Naples. Comme cette capitale eft la ville du monde la mieux fituée, ces moines jouiffent par conféquent de la plus belle vue de l'univers. Mais cela ne fuffit pas pour confoler des êtres raifonnables de la fottife qu'ils ont faite, dans un tems où la raifon manque des lumieres néceffaires & eft offufquée par une foule de préjugés, de rompre avec le monde & de facrifier leur liberté & leurs inclinations à de folles fuperftitions, imaginées par des fanatiques, & fanctifiées par la politique & l'intérêt. On m'a rapporté à ce fujet que l'électrice douairiere de Saxe ayant été, il y a environ deux ans, voir ce couvent avec la permiffion de l'archevêque qui l'accorde à toutes les grandes princeffes, les moines la conduifirent à l'endroit qu'on appelle le *Belvedere*, parceque c'eft de-là que l'on jouit le mieux de cette vue enchantereffe. L'électrice frappée de la beauté furprenante de cette vue, leur dit qu'ils étoient bien heureux d'habiter un féjour fi délicieux. Les moines qui n'étoient pas de fon avis, ne manquerent pas, en la promenant par le couvent, de la ramener plufieurs fois au même endroit, jufqu'à ce que la princeffe leur dit enfin qu'elle ne fe foucioit plus d'y revenir. Ses conducteurs lui dirent alors, *vous pouvez juger par là, madame, combien ce lieu eft propre à rendre les hommes heureux.*

Ce couvent eft un prodige de magnificence : les appartements, les corridors, les jardins font fuperbes, l'églife, la facriftie, le cloître font remplis de chofes rares & d'un grand prix : les marbres les plus fins y font prodigués : on y voit quantité de tableaux très eftimés : l'appartement du prieur eft digne d'un roi : on a dépenfé fous un

feul

seul priorat, plus de deux millions de livres en tableaux, en ouvrages de sculpture & en argenterie.

On peut dire en général que toutes les églises des moines & des religieuses de Naples sont embellies d'ornemens du plus grand prix : elles sont toutes couvertes de peintures, de dorures & d'ouvrages de sculpture : les autels sont chargés de pierres précieuses, d'or & d'argenterie: les plus beaux marbres de Sicile & de Carrare, les porphires, le jaspe, le lapis-lazuli sont obscurcis par des ornemens encore plus éclatans. Outre cela, bien des églises sont encore incrustées de mosaïques. Mais l'architecture est par tout d'un mauvais goût: les plus belles ont l'air de salles de festin; & les plus laides, à les juger par l'extérieur, seroient prises pour des églises de moines allemands. Les églises des couvents de la Sicile sont bâties dans le même goût que celles de Naples: même profusion de richesses, & point d'architecture.

Je vous ai rapporté tout cela, non pour vous donner une idée des églises; car de pareilles descriptions ne

Tome II.   E

font pas de votre goût, ni du mien; mais pour vous mettre en état de juger des richesses immenses des couvents de ces païs : je ne vous dirai plus que deux mots sur ce sujet. En allant vers l'Abruzze je fus visiter le fameux couvent de *Monte Casino* qu'on peut regarder comme la source de la fatale moinerie qui a infecté & abimé l'occident, parceque S. Benoît y fonda le premier monastere, qui dans la suite donna occasion d'en bâtir plusieurs milliers d'autres, tant du même ordre, que d'autres différens ordres, encore plus pernicieux à la société, & plus ignominieux pour le genre humain. L'abbé de ce monastere est seigneur de la ville de S. Germain, & d'une vingtaine de bourgs, villages & châteaux dans une grande étendue de terre que que l'on découvre de l'abbaye même, qui est située sur la pointe d'une haute montagne. Vous pouvez juger par là des richesses du *patriarche de la sainte religion, de l'abbé des abbés*, comme il s'intitule lui-même dans les actes. Un capucin, que j'y rencontrai par hazard, m'engagea d'aller au bas de la montagne, voir la chapelle de S. Scholastique, où j'ai remarqué une chose bien indigne de la grandeur & des richesses de ces seigneurs. Le chapellain de ce lieu vénérable est un pauvre prêtre tout couvert de haillons, dont la rétribution consiste en un petit & très mauvais logement, tout à côté de la sainte chapelle, & en un carlin par jour, qui vaut environ huit sols de France, qu'on lui donne pour la messe.

Après l'idée que je vous ai donnée des richesses prodigieuses des couvents des royaumes de Naples & de Sicile, je vous laisse à juger quelle pourroit être la puissance du roi, s'il détruisoit ces retraites de la fainéantise & de la superstition, pour en appliquer les revenus au bien de l'état. Puisque ces couvents nourrissent près de cent mille personnes, & puisqu'ils sont tous en état de faire des dépenses surprenantes à élever des bâtiments superbes, & à les embellir d'ornements les plus précieux; puisqu'outre cela ils conservent leurs coffres pleins d'argent; il est évident qu'un prince éclairé & entreprenant pourroit mettre sur pied une puissante armée, & faire la guerre à tous les petits princes d'Italie, sans diminuer la population & sans toucher aux revenus ordinaires de la couronne. Le roi de Prusse, tout environné qu'il est de puissants voisins, a bien conquis la Silésie & fait l'acquisition de la plus belle partie de la Pologne, avec des ressources moins considérables que celles que le roi de Naples pourroit trouver dans ses états & dans les couvents ; d'ailleurs son voisin le pape avec toutes ses foudres & ses adhérents ne vaut pas la maison d'Autriche. Les revenus de cinq ou six petits couvents, comme par exemple de ceux que je viens de nommer, & de ceux de *Monte Vergine*, de *S. Vincenzo* de *Volturno*, de *S. Benedetto*, de *S. Niccolò d'Allosa* &c. suffiroient déjà pour entretenir une petite armée.

Les moines sont ce qu'il y a de pire dans tous les états du roi de Naples : ils menent partout la vie la plus licencieuse, ils se fourrent partout, se mêlent de tout : ils repandent partout la superstition, la debauche & la discorde : d'un côté ils s'abaissent jusqu'à faire les choses les plus indécentes à leur état & les plus indignes de tout honnête homme; & de l'autre ils se hazardent d'entreprendre les choses les plus hardies & qui exigent le plus d'esprit & le plus de fermeté. Je ne puis les mieux comparer qu'à ces anciens moines d'orient que l'histoire nous peint comme les êtres les plus dépravés, les plus méchants, les plus intriguants, les plus turbulents & les plus pernicieux que la nature ait jamais produite. Tous les crimes qui procurent de l'argent, toutes les horreurs que la paillardise la plus effrénée peut imaginer, sont des choses entierement indifférentes pour les moines napolitains & siciliens. Les moines mendiants même qui dans les autres pays n'exercent leurs talents qu'en secret, & qui trompent par tout ailleurs le monde par des apparences imposantes, commettent ici ouvertement tous les crimes, sans se mettre en peine de sauver les dehors: ils vont dans les caffés jouer au pharaon & à la bassette aux yeux de tout le monde, & ils entrent en plein jour dans les lieux de débauches les plus décriés & les plus connus. Quand on voyage dans ces païs, on rencontre partout sur les grands chemins & dans les auberges, des capucins, des observantins, des recollets & autres qui vous demandent effrontément de l'argent à la barbe de S. François, qui leur a défendu sous peine de péché mortel d'en avoir & même d'en toucher. Quand je logeois encore à l'auberge, il venoit au commencement tous les jours chez moi un capucin avec un plat couvert de fruits, qui me faisoit ce compliment: *le gardien & les autres pères de notre couvent prient votre excellence d'agréer leurs respects & vous envoyent des fruits qui sont les plus exquis du mont Pausilipe.* Le titre d'excellence m'auroit sans doute beaucoup flatté, si je n'avois pas su que d'autres moines mendiants venoient de même tous les matins honnorer du même titre & des mêmes présents tous les étrangers qui se trouvoient dans la même auberge. Ces fruits qu'on nous vantoit être du Pausilipe, n'étoient en effet que de la mauvaise drogue que les fruitieres des rues donnoient à ces moines par charité. Il n'y a que quelques mois que le gouvernement fit une découverte importante sur l'article de l'exactitude avec laquelle les Franciscains observent la règle rigoureuse que leur a faite S. François de n'avoir ni toucher de l'argent. Un pere observantin du couvent de *Monte Calvario* de cette ville qui s'étoit brouillé avec son gardien, alla par vengeance dénoncer que ce gardien marquis *Tanucci*, gardoit dans le couvent un trésor d'environ trois cent mille livres, formé des charités que font les fidèles pour la garde des lieux saints de Jérusalem. Le Marquis y envoya sur le champ un commissaire avec des archers & on trouva la somme indiquée.

La superstition que ces libertins ont répandue & entretiennent dans ces païs, fait frémir. Je n'entreprendrai pas de vous en donner des détails: il me faudroit un volume pour cela; & quand je le ferois, je ne vous en donnerois encore qu'une ébauche, car il est inconcevable comme ils ont tout fait, & comme ils ont su faire de tout, des objets de bigotterie. La superstition qui regne dans toute l'Italie, n'est rien auprès de celle qu'on pratique dans cette contrée: cependant il y a des gens d'esprit qui commencent à faire tête aux moines & qui ont le courage d'entreprendre d'abattre leurs idoles. Le célèbre *Giannone* a été le premier à sonner le tocsin: il les a attaqués par le recit de leurs forfaits. L'abbé Genovesi a suivi les traces de *Giannone*: mais il les a combattus avec des armes d'un autre genre: il a apris à ses compatriotes à raisonner dans les sciences, que les moines avoient corrompues le plus: il leur a montré les préjugés, les faussetés, les superstitions & les impostures qu'ils ont mis à la place de la verité qu'ils ont detruite partout. Les peines que se donnent ces personnes éclairées ont des succès rapides, parce que le gouvernement les laisse faire & ne leur met que fort peu d'entraves. La destruction des Jésuites y a aussi beaucoup contribué : cette société étoit un puissant soutien de la superstition & de l'imposture, & elle étoit d'autant plus formidable, qu'elles tenoit enchaînées dans ſes fers la cour & la plus grande partie de la nobleſſe. Peu de tems avant ſa ruine il s'étoit élevé dans cette ſociété un terrible impoſteur qui étoit le pere *Pepe*: il avoit enſorcelé tout le monde, le roi, la cour, la nobleſſe & la canaille; il étoit regardé comme un des plus grands ſaints: mais à ſa mort on reconnut quelle eſpèce de ſaint c'étoit: on trouva chez lui des coffres remplis d'argent, & des magazins remplis de toutes ſortes de meubles: il avoit jusqu'à pluſieurs centaines de paires de bas: car il mettoit tout le monde à contribution; & ceux qui ne pouvoient pas donner de l'argent, fourniſſoient ce qu'ils pouvoient en d'autres genres. C'eſt d'une partie de ces contributions que cet impoſteur a fait élever un obéliſque du plus mauvais goût & qui a cependant coûté des ſommes immenſes: il l'a fait dreſſer ſur la place du *Geſù nuovo* qui appartenoit alors aux Jéſuites, & que le gouvernement a donnée depuis à des Franciſcains obſervantins. Actuellement il n'y a plus que le pere *Rocco* qui faſſe du bruit:

c'eſt un Jacobin; mais il s'en faut beaucoup qu'il ait la réputation du pere *Pepe*: il ne tient dans ſes fers que la canaille & les catins: c'eſt d'ailleurs un fanatique de la bonne eſpèce qui ne fait de tort à perſonne & qui voudroit convertir tout le monde, ſans ſavoir comment s'y prendre, & ſans avoir la moindre idée de la Religion & de la morale. Souvent il monte dans des cabriolets de louage, comme s'il avoit deſſein d'aller quelque part: chemin faiſant, il ſe met à interroger le cocher ſur ſa conduite & ſur ſon aſſiduité à ſe confeſſer: ſi le cocher lui avoue qu'il ne s'eſt pas confeſſé depuis longtems, il lui ſaute au cou & l'oblige de ſe confeſſer ſur le champ. La plupart du tems il eſt chez les catins où il s'évertue à les faire changer de conduite, & leur donne de l'argent pour qu'elles puiſſent vivre ſans exercer leur infame métier; mais toutes ces coquines l'abuſent cruellement: elles prennent l'argent & continuent à vivre comme auparavant. Je lui ai demandé combien il en avoit ſur ſa liſte: il m'a répondu que leur nombre alloit à trente mille, en ne comptant que celles dont il espéroit la conversion; & que pour les autres, qui étoient en bien plus grand nombre, il ne s'y frottoit pas. On m'a dit qu'autrefois le gouvernement, jaloux du grand ascendant que ce pere avoit sur les Lazzarons, l'avoit obligé de quitter cette ville, mais qu'on l'avoit fait revenir quelques tems après, parce qu'on avoit besoin de lui pour contenir, dans de certaines occasions, la populace. Ce fut surtout en 1764, où il y avoit ici une disette extraordinaire de bled, & lors de l'expulsion des Jésuites, qu'on eut besoin de lui: il rendit, dans ces deux occasions, de grands services à la Cour.

Naples & Venise sont les villes de toute l'Italie où les places publiques sont les plus infestées par les charlatans séculiers & ecclesiastiques: les premiers sont des vendeurs d'orviétan, des diseurs de bonne avanture, des marchands de secrets pour guérir des maladies incurables: les seconds sont des prédicateurs zélés qui étant refusés dans les églises, se jettent à la place, où ils trouvent toujours des fainéants ou des perſonnes qui ont envie de rire, qui les écoutent. En effet c'eſt une choſe très amuſante que d'entendre les charlatans ſpirituels de Naples: on les entend débiter des ſottiſes ſi extraordinaires & ſi inouies, qu'il eſt impoſſible de connoître combien l'eſprit humain eſt capable d'extravaguer, avant d'avoir aſſiſté à un certain nombre de ces ſermons. Les charlatans ſpirituels de Veniſe ne valent pas ceux de Naples: leurs ſottiſes ſont des plus communes & des plus plattes.

La populace a une vénération toute particuliere pour les moines mendians de la plus vile eſpèce, comme les capucins, les obſervantins, les récolets: quand ils vont par les rues, la canaille leur baiſe toujours la manche ou quelque autre endroit de leur habit. Les cochons jouiſſent auſſi d'une eſpèce de vénération: les réligieux de l'abbaye de St. Antoine, ſont en poſſeſſion de bénir ces animaux, ainſi que les chevaux: ils les marquent d'un fer chaud, & le vulgaire eſt dans l'opinion que les cochons qui ont cette marque, communiquent la bénédiction du ciel à ceux qui ne l'ont pas: ce qui fait que tout le monde respecte les cochons, qui vont par toutes les rues & dans les cours des maisons, manger les ordures, sans que personne ose les toucher ni même les gêner. Ainsi les religieux de S. Antoine nourrissent à peu de frais un grand nombre de ces animaux; & quand ils les tuent, ils prennent les parties inutiles & moins bonnes de l'animal, & les coupent en petits morceaux qu'ils bénissent & vendent ensuite à ceux qui ont des pourceaux, parce qu'on croit que ces morceaux bénis ont la vertu d'en éloigner les maladies dangereuses.

Du conflit des superstitions des moines avec les lumieres que repandent ici les gens éclairés, il est resulté, dans le caractère d'une grande partie des habitants de cette ville, le mélange le plus bizarre & le plus singulier que les caprices des hommes puissent enfanter. Telle femme qui fait brûler toute l'année une chandelle ou une lampe devant l'image d'une Madonne ou de S. François; qui est chargée de scapulaires, de rosaires, de reliques, de médailles & de cordons bénis, néglige, les dimanches & les autres jours de fêtes, d'aller à la messe pour ne pas manquer une conversation avec son galant: elle n'ira point de toute l'année à confesse, de peur que son confesseur ne lui refuse l'absolution: elle mangera indifféremment gras & maigre les vendredis & les samedis, & quand on lui fait des reproches là dessus, elle répond que ce ne sont là que des impostures des prêtres. Tel homme qui doute de l'immortalité de l'ame, qui nie hardiment tous les misteres de la religion, qui se mocque des miracles de tous les saints, craint de perdre la messe à Noël ou à Paques, & vous fait un long recit des miracles de S. Janvier, qu'il ne vous permet pas de revoquer en doute.

Les Napolitains n'ont point de peine à manifester leurs sentiments & à faire ce qu'ils veulent en fait de religion, parce que l'inquisition est bannie de tout le royaume de Naples. Sous le regne de don Carlos, actuellement roi d'Espagne, les partisants de la cour de Rome, les moines & leurs dupes ont fait de grands efforts pour établir dans ce royaume cet infame tribunal: la chofe a été agitée pendant long-tems; mais enfin il fut conclu que ce furieux tribunal feroit banni à perpétuité de ce royaume; & on fit graver fur une colonne, qui eft expofée à la vue du public, une infcription qui renferme la teneur de cette fage réfolution. Il y a encore plus: il exifte un tribunal chargé de veiller fur la conduite des évêques & des émiffaires de Rome, pour qu'ils ne puiffent rien entreprendre, foit ouvertement ou en fecret, qui fente l'inquifition, ou qui tende à l'introduire à l'avenir. Cette magiftrature eft intitulée, *il tribunale contro quello del S. Ufficio*, *le tribunal contre celui du S. Office*, & il eft tout compofé de perfonnes de la premiere nobleffe. Cependant cet indigne & inhumain tribunal de l'inquifition fubfifte encore dans la Sicile; mais foit que les Siciliens foient affez circonfpects pour ne pas s'attirer la fureur des inquifiteurs, foit que ces bourreaux foient eux-mêmes affez prudents pour aimer mieux facrifier moins de victimes à leur atrocité, que de courir le risque d'être chassés, il s'y passe rarement des scènes tragiques.

Le gouvernement de Naples souffre toutes les religions sans cependant en permettre l'exercice public, qu'à la dominante: il n'y a que les Juifs qui soient obligés de se déguiser; & sans les clameurs de l'imposteur *Pepe*, qui souleva la populace lorsque le roi don Carlos vouloit leur permettre l'entrée dans le royaume, ils y seroient tolérés comme les autres. Cependant les Napolitains peuvent aisément se passer des Juifs, parcequ'il y a dans cette ville plusieurs Lombards, qui sont des mieux réglés de toute l'Italie. Il est vrai que les Juifs auroient introduit ici le commerce, qui est extrêmement négligé par les Napolitains; mais aussi auroient-ils occasionné quantité d'autres inconvénients: il n'y a que les Juifs portugais qui soient à la fois industrieux & honnêtes, & par conséquent propres à procurer bien des avantages, sans aucuns inconvénients au public: mais ils sont trop prudents pour aller s'établir ailleurs qu'en Hollande & en Angleterre.

Je finirai cette lettre en vous donnant une nouvelle qui vous surprendra: c'est que moi qui suis si grand ami des moines, je suis ici très lié avec deux moines qui sont (ce qui vous surprendra encore plus) à la fois savants & honnêtes: ce sont les peres *Torre* & *Minasi*. Vous connoissez les ouvrages du premier: le second a médité beaucoup; mais jusqu'à présent il n'a publié que quelques petites dissertations. Je vous enverrai celle qu'il a publiée sur la *Fata Morgana de Reggio*.

Ce savant est actuellement occupé à former des estampes des côtes de la Calabre, & il y ajoutera des remarques pour les comparer avec les descriptions des anciens, telle que celle d'Homere au sujet du voyage d'Ulisse &c., qui feront bien curieuses.

LETTRE DIX-NEUVIEME.

Naples le 18. Octobre 1775.

Gouvernement féodal: ses effets. Nombre des vasseaux de la couronne dans les royaumes de Naples & de Sicile. influence du gouvernement sur le bonheur des peuples dans les différens états de l'Italie. Effet de la bonne opinion, que les sujets ont du gouvernement de leur pays. Fausseté de la maxime, que les habitents des pays chauds sont faits pour l'esclavage. Nature du gouvernement ecclésiastique. Education, caractere, moeurs de la noblesse Napolitaine & Sicilienne.

Le gouvernement Féodal subsiste dans toute sa force dans les royaumes de Naples & de Sicile: ils fourmillent de barons dont la plus grande partie ont le titre de prince, de duc, de marquis & de comte. On compte dans la Sicile seule, jusqu'à trois cents soixante huit familles de barons ou seigneurs de grands fiefs, qui ont séance au parlement, & qui forment l'ordre militaire. Un certain nombre de ces barons ont des revenus immenses pour des païs qui fournissent en abondance toutes les denrées nécessaires à la vie. Le duc de *Pignatelli Monteleone*, le duc de *Matalone*, le comte de *la Cerra*, le prince de *Franca villa*, le prince de *Jaci*, le prince de *Palagonia* & plusieurs autres sont censés avoir plus de trois cent mille livres de rente. Ceux dont les revenus montent à cent cinquante, à deux cens mille livres sont en grand nombre. Tous ces barons ont dans leurs fiefs la jurisdiction civile & criminelle; & la dernière comprend aussi le droit de vie & de mort : ce qui donne à ces seigneurs une autorité sur leurs sujets dont eux & leurs officiers font souvent un abus horrible. Il n'y a pas long-tems que j'ai vu ici une troupe de plus de trois cents sujets du baron de *Scilla*, qu'on appelle le prince de *Scilla*, qui, poussés par le désespoir, sont venus se plaindre à la cour des vexations que ce seigneur leur fait souffrir. Si ces plaintes sont vraies, il n'y a pas assez de supplices pour punir un pareil tyran: si elles sont fausses, il n'y en a pas assez pour punir ses calomniateurs ; car les crimes dont ceux-ci l'accusent, sont des plus enormes. Le roi & le marquis *Tanucci* son premier ministre ont pris les sujets sous leur protection; mais les courtisants s'intéressent fortement pour le baron, tant pour leur propre intérêt que pour lui faire la cour, ce prince s'étant fait par son industrie un des plus riches du royaume: le procès est déja entamé; mais les juges qui ont été chargés de cette commission, le finiront quand ils voudront, à moins que le roi ne les empêche de le traîner en longueur, comme il y paroit assez bien disposé. Si l'on veut se former une juste idée des ravages affreux que le gouvernement féodal fait dans un païs, il faut faire une tournée dans les royaumes de Naples & de Sicile. Les sujets y sont accablés de corvées & de taxes de toute espèce, désolés par les plus injustes procès civils &

criminels, par des emprisonnements sans raison, par des amendes pécuniaires & des confiscations arbitraire, par des droits onéreux & des usurpations de toutes fortes : la justice y est vendue au plus offrant : l'innocent est sacrifié au méchant qui fait gagner l'officier ou le seigneur : une partie des campagnes les plus fertiles de leur nature restent en friche : les plus belles collines & montagnes, qui pourroient toutes être plantées de vignes, d'oliviers, de meuriers, d'autres arbres de la plus grande utilité, ne font souvent couvertes que de broussailles & d'arbrisseaux de nulle valeur. C'est surtout dans la Calabre & dans le continent de la Sicile que les yeux d'un honnête homme font effrayés par cet horrible spectacle. La Calabre où l'agriculture avoit été portée anciennement au plus haut dégré de perfection, qui contenoit une population immense & dont les peuples étoient des plus civilisés & des plus industrieux de la terre, n'offre aujourd'hui que des deserts, des forets, des restes de villes détruites, d'autres villes qui dépérissent à vue d'œil, des bourgs qui ressemblent à des retraites de bêtes féroces, des troupes de bandits, de pauvres païsans haves & défaits qui paroissent mourir de faim sur le sol le plus fertile de sa nature. La Sicile qui au rapport de Pline, rendoit autrefois le centuple de la semence, & où il y avoit des terres qui produisoient du bled & d'autres grains, sans être labourées, s'il en faut croire Homere & Diodore originaire de ce païs, ne rapportent pas aujourd'hui, dans les endroits même qui passent pour les plus abondants, la moitié de ce qu'elle rapportoit anciennement: car les païsans qui sentent qu'il ne leur serviroit de rien de tirer de la terre plus qu'il ne leur en faut pour vivre, la labourent si peu, que souvent ils viennent à manquer même du nécessaire. Le nombre des vasseaux qui ont droit de désoler ainsi les états du roi, monte à neuf cent trente-cinq, dont trois cents soixante huit saccagent la Sicile. Dans cette multitude il y a cent dix-neuf princes, cent cinquante six ducs, cent soixante treize marquis, quarante deux comtes & quatre cent quarante-cinq barons. Ce qu'il y a de pire, c'est qu'il y a des marquisats & des baronies dont les revenus légitimes ne passent pas cent cinquante livres, ce qui engage messieurs les marquis & messieurs les barons à faire les plus grands efforts pour en tirer des profits illégitimes.

En général l'Italie est le païs du monde le plus propre à faire sentir, par la diversité de ses gouvernements politiques, les horribles effets du gouvernement féodal. Après les Romains que l'invention du gouvernement ecclésiastique a écrasés d'une manière inconcevable, les Napolitains & les Siciliens sont les peuples les plus malheureux de cette contrée, quoique les païs qu'ils habitent soient les mieux situés & les plus fertiles de leur nature. La Lombardie où le gouvernement féodal est plus resserré que dans les états du roi de Naples, vous présente des peuples plus heureux, des villes plus florissantes, des campagnes plus riantes. Dans les états de Venise il n'y a point de fiefs, aussi la population y est-elle plus grande que dans la Lombardie; le commerce y est plus florissant; les manufactures & les fabriques y sont plus nombreuses; l'artisan & le paysan y vivent dans une plus grande aisance; la noblesse & les négociants possedent plus de richesses. Les Génois n'habitent que des rochers stériles, extrêmement resserrés d'un côté par une mer, où les poissons se plaisent moins que partout ailleurs, & de l'autre par différents états de princes voisins. On ne s'attendroit pas à voir ces rochers habités, cultivés & forcés à produire en dépit de la nature: cependant ils sont plus peuplés que les campagnes les plus fécondes de tout le reste de l'Italie; & après l'Angleterre & la Hollande, il n'y a aucune nation non seulement en Italie, mais dans toute l'Europe qui possede tant d'argent & tant de richesses. Mais qu'une révolution dans le gouvernement érige ces rochers en fiefs ou en terres seigneuriales, ou qu'elle change seulement l'esprit de modération, que le négoce inspire à la noblesse Genoise, en un esprit d'arrogance, de supériorité

&

& d'audace que la naissance & certaines maximes d'une mauvaise politique communiquent à la noblesse vénitienne & à celle des états de Terre ferme; & vous verrez les villes de la République de Gênes se convertir soudainement en misérables hameaux, & la misere & le désespoir succéder aux richesses immenses, à l'aisance générale & au contentement universel de ce peuple.

La plupart des philosophes modernes s'imaginent qu'en général tout gouvernement monarchique est peu favorable à l'agriculture & au commerce, & qu'il n'y a que les républiques où ces deux choses puissent véritablement prospérer: un homme qui pensoit ainsi, me disoit un jour; partout où il y a un conseil de commerce, il n'y a point de commerce; & partout où il y a un controleur général, il n'y a point d'agriculture. Je conviens sans peine que plus un peuple est libre, plus il est actif & industrieux, & par là plus riche & plus florissant. Les exemples des anciennes républiques de la Grèce & de l'Italie, de celles qui ont existé dans les siécles du moyen âge, comme Florence, Pise & Luques, enfin de celles qui subsistent encore aujourd'hui, le démontrent assez clairement. Les royaumes les plus puissants n'ont jamais fait des progrès aussi rapides & aussi considérables à la fois, que les plus petites républiques. Les sujets actuels des plus grands princes dans les païs les plus favorisés de la nature, ne sont pas aussi aisés que les citoyens des plus petites républiques dans les endroits les plus stériles. Mais l'ennemi le plus cruel de la liberté, c'est le gouvernement féodal; & l'état monarchique où tous les vestiges de ce gouvernement seroient abolis, pourroit à mon avis, devenir aussi puissant que l'eût jamais été aucune république. Il faut sans doute à un prince une nombreuse & puissante noblesse; mais il ne faut pas de fiefs à la noblesse pour devenir, ou pour se conserver puissante: s'il est nécessaire pour cet effet qu'elle possede de grandes terres, il n'est pas nécessaire qu'elle puisse écraser par toutes sortes de vexations les cultivateurs de ces terres: au contraire, plus le laboureur sera à son aise, plus le propriétaire pourra compter sur son exactitude à remplir les engagemens & à cultiver les terres. En Angleterre on a aboli les fiefs & conservé les fidei-commis; cela maintient tout à la fois la puissance dans la noblesse & l'aisance parmi les païsans. Il suffit à la noblesse d'avoir des terres, sans avoir des droits propres à gêner les roturiers & les païsans dans la propriété & la jouissance de leurs héritages, dans l'exercice de leur industrie, & dans l'emploi de leurs talents & de leur argent.

Quand les loix fondamentales d'un gouvernement ont une fois établi la liberté dans toutes les classes des citoyens, les violations que les princes & les grands font de ces loix, pourvu qu'elles ne soyent pas constantes & générales, ne sont point capables de renverser l'état ni d'occasionner le malheur de la nation en général. Dans ce cas la bonne opinion tient lieu de la réalité; & s'il y a des particuliers qui souffrent, ceux qui ne sont pas dans ce cas, se persuadent que si jamais le tour venoit à eux, ils trouveroient bien le moyen de faire respecter les loix. D'ailleurs où la liberté est assurée par les loix, il y a toujours d'honnêtes gens parmi les grands mêmes, qui entreprennent de tems en tems de les faire respecter, & qui par des actions éclatantes d'humanité, de bienfaisance, de magnanimité & d'amour de la patrie, font oublier les violences & les outrages des autres grands: au lieu que dans les états où la liberté est nulle soit par le défaut des loix, soit par les vices du gouvernement, toute la nation n'est qu'une société de vauriens & de lâches, où tout le monde endure patiemment les torts qu'on lui fait, & se console par l'espérance d'en faire à son tour à d'autres. Quand le Vénitien voit tant de villes florissantes dans les états de la république, tant de beaux palais, tant de superbes jardins sur les bords de la *Brenta*, sur le *terrazzo* de *Trevisò* à *Mestre* & sur les grands chemins de Bresse, de Vicence & de Padoue, toutes les campagnes de la Terre ferme bien cultivées & toutes les collines mises à profit; & qu'il compare tout cela avec les déserts & la misère du Ferrarois, il se dit à lui-même, *voilà ce que c'est que d'être libre*: il a sans doute tort de se croire libre ; mais la nature du gouvernement & les loix du païs le lui font du moins accroire. Quand le Genois promene ses yeux sur la riviere de *Ponente*, & qu'il voit à chaque lieue sur le bord de la mer, aux pieds d'un rocher stérile, se montrer des villes & des villages plus beaux que ne le sont la plupart des villes des autres païs, il s'imagine que c'est le gouvernement qui procure à la nation les moyens de bâtir & de se nourrir: de même quand dans ces deux états les particuliers des dernieres classes gagnent quelquefois des procès sur ceux de la premiere, tout le monde se persuade qu'il ne faut qu'avoir raison pour porter les juges à condamner les grands ; & attribue volontiers à une pretendue liberté ce qui n'est dû qu'à la sagesse & à l'honnêteté de leurs tribunaux, qui osent quelquefois immoler la grandeur à la justice. Quand les *Cambiasi* de Gênes font bâtir à leurs frais des chemins publics, qui leur coutent des sommes immenses ; quand le chevalier *Thron* brave à

Venife les calomnies atroces & les perfécutions affreufes des dévots & des méchants, pour engager le fénat & le grand confeil à délivrer le public de la vermine deftructive des moines & de l'esclavage onereux de la cour de Rome, les Génois & les Vénitiens s'écrient, qu'il n'y a que des peuples libres qui donnent de pareils exemples de magnanimité, de grandeur d'ame & d'amour de la patrie: ce qui fait qu'ils s'imaginent être libres, quoiqu'ils ne le foient pas : & l'opinion fait chez eux le même effet que la réalité.

Il eft certains philofophes politiques qui foutiennent que les peuples des païs chauds font faits pour l'esclavage, & ceux des climats froids pour la liberté. Les voyages & l'expérience m'ont fait voir tout le contraire. La cour de Petersbourg ne peut faire goûter la liberté à fes fujets malgré toutes les peines qu'elle fe donne depuis Pierre le Grand. Les états du Dannemark, après avoir joui quelque tems de la liberté, fe font donnés eux-mêmes un despote : ils pouvoient affujettir leur roi à des loix ; & ils ont aimé mieux l'exemprer de toutes les loix. La Suéde, après avoir été abimée par un prince abſolu, a voulu eſſayer l'état de liberté ; mais cette liberté lui devint bientôt ſi péſante qu'elle fut bien aiſe d'y renoncer. Différents autres peuples du Nord paroiſſent ne languir qu'après les chaînes & le bâton : les ſoldats & les païſans de ces païs font gloire d'avoir des officiers & des magiſtrats qui n'oublient jamais leurs dos : de même les employés dans les affaires publiques y ſont charmés d'avoir des ſupérieurs qui ne ceſſent de les occuper & qui les faſſent crever ſous le poids des travaux. Mais dès qu'on a paſſé les Alpes il ſe preſente une toute autre eſpèce de gens : ce ſont tous des peuples qu'il faut mener par la douceur & gouverner avec humanité. La méchanceté & la dureté du gouvernement les effarouchent & les révoltent. Le bâton, qui dans les païs du Nord vaut autant qu'une armée pour retenir les ſujets dans l'obéiſſance, a fait perdre, en Italie, l'état de Gênes à la maiſon d'Autriche. L'armée Autrichienne s'étant emparée en 1746, de la capitale de cet état, un fergent eut la brutalité de donner des coups de bâton à un païfan, parcequ'il ne faifoit pas aller affez vite, à fon gré, un chariot chargé d'une piéce d'artillerie. Tous ceux qui furent témoins de cette barbarie en furent faifis d'horreur & fe jetterent dans l'inftant fur le fergent & fur fa troupe: le fergent eft mis en piéces: on crie liberté: tout le monde court aux armes: le général Autrichien eft obligé de fe fauver en chemife, & toute l'armée de prendre la fuite avec lui. Les habitants des climats chauds font plus fenfibles que ceux du Nord aux injuftices du gouvernement: c'eft ce qui a fait chaffer tant de fois les étrangers de l'Italie; & ce qui y a caufé dans tous les tems la deftruction de tant d'armées Françoifes & Allemandes: & c'eft ce qui les y fera encore périr infailliblement à l'avenir, à moins que les uns ne renoncent à leur petulance naturelle, & les autres à leur bâton. En paffant, il y a quelques années, par Trente, je fus témoin d'un fpectacle bien lugubre, occafionné par la brutalité d'un officier Allemand. Un bataillon d'Autrichiens étant arrivé dans cette ville le matin de très bonne heure, cet officier vint loger dans l'auberge où j'étois. Toutes les chambres étoient occupées, & tout le monde étoit encore couché, hormis moi qui m'étois mis à la fenêtre pour prendre l'air : le garçon de l'auberge pria l'officier de passer dans la salle commune, jusqu'à ce que quelque voyageur s'éveillât & s'en allât, en ajoutant que les chevaux de poste étoient déja commandés pour deux voitures qui devoient partir tout-à-l'heure ; mais l'officier, au lieu de se tranquilliser ordonna au garçon d'aller éveiller ces étrangers qui étoient des seigneurs Polonois, & de leur dire de sa part qu'ils eussent à lui céder une chambre : le garçon s'en excusa le plus poliment qu'il put ; mais l'officier s'emporta & leva sa canne pour le frapper : alors le garçon tira un stilet de sa poche & le plongea dans le cœur de l'officier qui expira sur le champ : le domestique de cet officier voulut venir à son secours & fut tué de même, après quoi le meurtrier se sauva, sans qu'on ait jamais pu le déterrer.

La chaleur du climat d'Italie n'est pas assez violente pour dégrader l'ame humaine. C'est au contraire une chaleur douce & agréable qui élève & qui aggrandit l'ame aulieu de la retrécir : elle exalte tellement l'imagination, que bien des choses regardées avec indifférence par les peuples du Nord, offensent vivement ceux du Midi. Tout cela fait voir combien le gouvernement féodal est contraire au climat de l'Italie & au tempérament des Italiens. Aussi doit-il son origine à des nations venues du Nord.

Vous me direz que dans les états du pape le gouvernement féodal a été exterminé durant le pontificat d'Alexandre VI, César Borgia son fils ayant assassiné lui-même à un grand repas tous les vassaux de S. Pierre; & que malgré cela les sujets du S. Siège sont les plus pauvres de toute l'Italie. Mais cela vient de ce que le gouvernement ecclésiastique est encore plus dur & plus mauvais que le gouvernement féodal. Ces princes qui sont censés n'avoir point d'enfants, & qui ne peuvent transmettre leurs états à leurs parents, n'ont aucun intérêt à bien gouverner leurs païs & à faire le bonheur de leurs sujets: il ne leur reste donc qu'à satisfaire leurs fantaisies & leurs passions. Je ne m'arrêterai pas davantage sur cet article, puisque je me rappelle vous en avoir parlé fort au long dans une de mes premieres lettres.

Le marquis Tanucci, premier ministre de cette cour, frappe autant qu'il peut sur le gouvernement féodal. Tous les procès qui s'élèvent entre les vassaux de la couronne & leurs sujets pour les droits exorbitans que ceux-là s'arrogent dans leurs fiefs, sont toujours décidés à l'avantage des sujets. Mais comme il n'y a point de loi qui prescrive les bornes qu'il faudroit aux droits immodérés des seigneurs, ceux-ci continuent toujours à opprimer leurs vassaux, & les opprimés aiment mieux, le plus souvent, souffrir que de plaider. Les païs de ce royaume, qui ne relevent que de la couronne, sont beaucoup plus heureux que ceux qui sont sujets à des seigneurs. Quand on voyage dans cette contrée, on distingue aisément les uns des autres: des corps presque nuds, des visages pâles & défaits vous annoncent la terre d'un vassal: une certaine aisance, une espèce d'activité, des champs un peu plus cultivés vous indiquent les païs qui ne dépendent que du roi.

La noblesse Napolitaine est en général hautaine, & manque de bien des connoissances communes dans d'autres païs: celle de Sicile est plus polie, plus instruite, & déploye plus de talents dans la société. L'éducation qu'on donne à Naples aux jeunes gentils-hommes est sans contredit la plus mauvaise de toute l'Italie: des prêtres ignorants & vicieux, qui viennent de tous les coins du royaume, sont les instructeurs ordinaires des Nobles: les parents ne cherchent que des gens qui les servent à bon marché, & s'embarrassent très-peu des qualités & de la capacité de ceux qui doivent former leurs enfants. Je connois des maisons de la première noblesse & des plus riches, qui ne donnent aux précepteurs de leurs enfants que le logement, un mauvais repas par jour & trente livres par mois, sur lesquels apointements on tâche encore d'escamoter à ces pauvres prêtres quelques messes les jours de fête. La noblesse Napolitaine voyage peu : ces seigneurs font tout au plus un tour à Rome pour avoir l'honneur de baiser les mules du pape : la noblesse Sicilienne voyage plus, & se hazarde d'aller plus loin : c'est encore une autre raison de ce que les nobles Siciliens sont, indépendamment d'une éducation un peu meilleure qu'on leur donne, plus policés que les Napolitains. Ce défaut d'éducation dans les nobles fait que l'on trouve chez eux des vices que l'on voit rarement parmi la noblesse des autres païs. Le jeu & les contes sont les seules ressources de leurs sociétés ; mais il est dangereux de jouer ici parceque l'on joue gros jeu, & que l'adresse l'emporte sur le bonheur : il y en a même de ceux qui ne se font point de scrupule de l'employer en jouant avec le roi : les assistans le voyent, le roi lui-même s'en apperçoit quelques fois ; mais ce qui est de mode, ne revolte pas. Les sujets ordinaires des discours que l'on tient ici dans les assemblées, sont les avantures du jour ; & au défaut de vraies, on en forge des fausses, qu'il est facile de faire paſſer pour vraies dans une ville ſi grande & ſi peuplée. Les aſſemblées des Romains, leurs voiſins, font beaucoup plus intéreſſantes : les femmes Romaines reçoivent ordinairement une meilleure éducation & ont beaucoup plus de connoiſſances : les Romains aiment beaucoup à parler des affaires des cours étrangères : ils ſe mêlent de cenſurer toutes les actions & tous les règlements des princes : ils s'intéreſſent pour leurs guerres ; & chacun prend, à ſa fantaiſie, le parti de l'une ou de l'autre des puiſſances ennemies. Les Napolitains au contraire ne s'embaraſſent de rien de ce qui ſe paſſe chez les étrangers : ils méconnoiſſent abſolument toutes les cours & toutes les nations de l'univers : il m'eſt arrivé plus de cent fois d'avoir été interrogé par des perſonnes de la première qualité, ſi j'avois jamais vu dans mes voyages un autre roi, qui eût une cour auſſi brillante, des troupes auſſi belles, de revenus auſſi grands, que le roi de Naples. D'autres m'ont demandé, ſi les rois qui font la guerre & qui mettent deux ou trois cent mille hommes en campagne, posſedoient des états auſſi puiſſants, & avoient des ſoldats auſſi braves que ceux de leur roi : pour lors j'avois ma réponſe toute prête, & je diſois que les Barbareſques devoient être bien plus puiſſants & bien plus braves encore, puisqu'ils viennent tous les ans ſur les côtes d'*Otranto*, de *Tarento*, de la Calabre & de la Sicile enlever les païſans qui travaillent & les honnêtes-gens qui ſe promènent dans les villes près des bords de la mer, ſans que les braves Napolitnins ayent jamais été enlever à ceux de Tunis ou d'Alger un ſeul mouton. Il n'eſt pas étonnant que les gros des Napolitains ait ſi peu de connoiſſance des nations étrangères & de ce qui ſe paſſe chez elles, puisqu'on n'apprend à la jeuneſſe ni la géographie, ni l'hiſtoire moderne, ni la politique: on n'y lit pas même les gazettes étrangères, hormis les mauvaiſes gazettes d'Italie. Le directeur de la poſte m'a dit qu'il n'y a qu'une ſeule perſonne qui faſſe venir une gazette Allemande, & deux ou trois qui ayent celle de Leyden. Du tems de la derniere guerre en Allemagne, Rome étoit partagée en deux factions, dont l'une tenoit pour le roi de Prusse & l'autre pour la maison d'Autriche : cette manie avoit gagné jusqu'aux couvents: les moines, ces spectateurs indolents des misères humaines, étoient dans une guerre perpétuelle entre eux, pour la guerre qui se faisoit en Allemagne: toutes les fois qu'il arrivoit à Rome quelque nouvelle d'une bataille, il y avoit une autre bataille entre les moines de l'un & de l'autre parti, parceque les uns exagéroient trop la victoire & que les autres vouloient au contraire la reduire à rien. J'ai vu des moines qui sont partis de Rome, les uns parceque dans leurs couvents ils se trouvoient les plus foibles, les autres parceque ces combats & ces disputes les portoient à des excès. La canaille des *Transtevere*, qui est l'élite des Romains pour la bravoure, ne le cédoit pas aux moines: les enfants formoient deux corps ennemis, qui se livroient souvent des combats meurtriers: les Prussiens & les Autrichiens s'assembloient en troupes dans les places publiques & commençoient la bataille en se lançant des pierres ; puis ils en venoient aux mains & terminoient le combat par des coups de poing & de pied. Durant la même guerre, je vins de Rome à Naples, où je trouvai tout le monde en paix; & l'on n'y parloit pas plus des Prussiens & des Autrichiens, que l'on y parle aujourd'hui de la révolte d'Aly-Bey. Le commun des voyageurs ne connoit point du tout la noblesse Napolitaine, parcequ'il n'y a que quelques maisons qui reçoivent les étrangers ; & ces seigneurs sont tout différents du gros de la noblesse. En général les maisons de Naples où il y a quelque dame etrangère, comme de Rome, de Gênes, de Florence &c, sont montées sur un bien meilleur ton que les autres; & ces dames y ont introduit les manieres & les goûts de leur païs.

Un voyageur François, qui a composé un Roman de ses voyages, rapporte que la cour de Naples oblige la premiere noblesse de ses états à rester à Naples, tant pour l'empêcher de remuer, à force de l'avoir toujours sous ses yeux, que pour l'obliger à des dépenses qui l'affoibliffent. Mais il est constant que le roi ne gêne point la noblesse à cet égard : il n'y a que ceux qui ont des charges à la cour, qui ne peuvent pas s'en éloigner sans la permission du roi ; & cela se pratique partout ailleurs : les autres nobles font leur séjour à Naples & à Palerme, pour ne pas s'ennuyer au milieu des païsans : car les campagnes de la nobleffe de ces royaumes font les plus misérables & les plus ennuyantes de tout l'univers ; ou pour mieux dire, cette noblesse n'a point de maisons de campagne du tout, à moins qu'on ne veuille donner ce nom à quelques vieux châteaux délabrés, avec quelques vergers à côté : on ne rencontre de véritables maisons de plaisance, que dans les environs de Naples & de Palerme : mais il s'en faut de beaucoup qu'elles égalent pour la beauté & pour la magnificence, les maisons de campagne qui se voyent dans le reste de l'Italie. D'ailleurs, la vie que la plupart des Gentils-hommes mènent à leurs campagnes, ne leur procure d'autre agrément que celui de pouvoir jouir de la solitude & d'un repos non interrompu, après le fracas, les peines & les débauches de la ville. Il y a en outre quantité de gentils-hommes qui passent toute leur vie soit dans les villes des provinces, soit à la campagne; & pour qui un voyage à Naples ou à Palerme est comme pour nous un voyage dans les païs étrangers. Dans les autres païs que je connois j'ai remarqué que l'absence continuelle des gentils-hommes de leurs terres, est très pernicieuse à l'agriculture & à l'intérêt de l'état; mais dans ces païs-ci il me paroit que les païsans gagnent plutôt qu'ils ne perdent, par l'absence de leurs seigneurs: car avec les droits qu'ils ont & le caractere que je leur connois, il est évident que la plupart ne feroient que vexer leurs sujets: il est vrai que les officiers qu'ils y tiennent ne les ménagent pas non plus; mais il est plus aisé de satisfaire la cupidité d'un petit officier, qui ne connoit point le luxe des grandes villes & qui n'a pas de grands besoins, que d'assouvir l'insatiabilité des seigneurs, accoutumés aux vices qui regnent dans les capitales.

LETTRE VINGTIEME.

NAPLES le 28 Octobre 1775.

Luxe des Napolitains: parade des dames le jeudi & le vendredi saints: parade des hommes les vendredis de Mars: parade des artisans à la procession de la Fête-Dieu: jours de parade pour les paysans. Fête de la Madonne di plè di grotta. Musique d'Eglises: Economie de la noblesse dans l'interieur de leurs maisons. Domestiques. Amusemens des Napolitains. Théâtres; opéra serieux & comique. Musique de théâtre: supériorité de la musique Napolitaine sur celle du reste de l'Italie: raisons de cela.

On dit que les Italiens ne connoissent que le luxe extérieur, & qu'ils s'en dédommagent par une grande économie au dedans. Cela est vrai en général; mais il faut en excepter les Lombards & les Vénitiens qui font de grandes dépenfes à la campagne, & de beaucoup plus grandes que le commun des voyageurs ne fauroient fe le figurer. Les Napolitains furpaffent tous les autres peuples de l'Italie pour le luxe du dehors & pour la mesquinerie dans l'intérieur de leurs maifons. Tout eft brillant à Naples & tout y éblouit les yeux, fans fatisfaire le gout & le bon fens: les églifes font toutes pavées de marbre, toutes couvertes d'or, toutes ornées de tableaux; mais on y a négligé l'architecture: les églifes de Rome font belles & majeftueufes & celles de Naples ne font que jolies. Quand j'ai vu, pour la premiere fois, l'églife de S. Claire dans cette derniere ville, j'ai cru entrer dans une fale deftinée à des feftins. Les hôtels de la nobleffe frappent la vue par leur grandeur; mais ils choquent le goût par leurs défauts en fait d'architecture: les voitures des perfonnes aifées font riches; mais il n'y a gueres que des voitures coupées, & pas trois beaux caroffes de parade; les avocats, les marchands, la nobleffe, enfin toutes les perfonnes d'une certaine condition & tous ceux qui veulent s'élever au dessus du peuple, sont obligés d'avoir des voitures bien peintes & bien dorées, de beaux chevaux, quantité de domestiques & une superbe chaise à porteur, dont les dames se servent le jeudi & le vendredi de la semaine sainte. La plupart de ceux qui ont équipage, se font précéder par des coureurs: les principales familles en ont quatre & même six: la nuit, chaque coureur porte un flambeau à la main, ce qui, dans les rues les plus fréquentées par les carosses, fait un très bel effet. Les domestiques ont ordinairement deux sortes de livrée, dont l'une est très riche, & l'autre très vilaine: celle-ci sert pour tous les jours, & l'autre pour les jours de solemnité. Les dames Napolitaines ont deux jours dans l'année pour se montrer dans tout leur faste: ce sont le jeudi & le vendredi saint. Le matin du jeudi elles paroissent en carosse, où elles étalent tout ce qu'elles ont de plus beau & de plus magnifique en voitures, en chevaux, en livrées. Elles ne sont elles mêmes habillées qu'en noir; mais la coeffure, les pierreries & la gorge découverte, dedommagent les yeux du public de la simplicité des robes. L'après dîner & le lendemain on ne voit plus de carosses dans les rues: les hommes vont à pied, & les femmes se servent de chaises à porteur, les plus belles & les plus riches du monde. Ceux qui n'ont vu de ces chaises qu'en France, en Hollande & en Angleterre, ne sauroient s'en former d'idée. La dame est précédée d'une troupe de coureurs & de domestiques; & la nuit tous ces coureurs portent des flambeaux: des pages superbement habillés se tiennent aux deux côtés de la chaise, mais de façon qu'ils ne puissent pas empêcher les spectateurs de voir la dame de tous les côtés: d'autres domestiques suivent la chaise à une certaine distance: la dame assise s'y fait voir la gorge découverte & chargée de diamans: les glaces sont baissées des quatre côtés, & les ouvertures sont si grandes, que tout le corps est exposé à la vue, depuis la tête jusqu'aux pieds. Une dame Napolitaine aime autant rester renfermée dans un coin de sa maison, que de sortir sans se montrer toute entiere aux yeux du public. C'est ce qui fait que les voitures Napolitaines de toute espèce ont de plus grandes ouvertures & par conséquent de plus grandes glaces que celles des autres pais : c'est avec cette pompe & cette coquetterie, que ces dames vont visiter les églises & pleurer la passion de Jésus Christ.

Les hommes ont, à leur tour, leurs jours de parade qui sont les vendredis du mois de Mars. Dans ces jours on les voit se promener dans leurs plus beaux équipages depuis la *strada nuova* jusqu'au pont de la Madelaine. Six chevaux des plus beaux sont ordinairement attelés à des carosses les plus riches que l'on puisse voir : les dames y accompagnent les hommes ; mais dans ces jours ce ne sont pas elles qui font la principale figure : ce sont les équipages & surtout les chevaux. Les promenades que les Parisiens font aux *Longschamps* les derniers jours de la semaine sainte, n'ont rien de comparable à celles des Napolitains. Contre un bel équipage on voit, dans ces promenades des Parisiens, cinquante vilains fiacres, où un postillon Napolitain auroit honte de se montrer. Les files continuelles de carosses qui se suivent presque sans interruption, des deux côtés de la rue *Toledo* & de celle de *S. Lucia*, présentent tous les jours ici, à certaines heures, un spectacle beaucoup plus brillant que ne l'est celui de la promenade aux *Longs-champs*; & il faut bien avoir la rage de se faire voir pour pouvoir essuyer les incommodités de cette promenade, qu'une poussière épaisse & continue rend detestable à ceux qui sont plus délicats que frivoles.

Les artisans ont de même leurs jours d'ostentation, qui sont ceux où chaque quartier fait la procession de la Fête-Dieu : dans cette procession les artisans & le reste du bas peuple, qui est au-dessus des Lazzarons & au-dessous des gens d'une certaine condition, paroissent dans le faste le plus ridicule que j'aie jamais vu. Figurez-vous deux à trois cents Hercules au teint couleur de bronze, aux mains noires & calleuses, marchant sur deux files, en habits galonnés & brodés, l'épée à côté &

un bonnet blanc fur la tête: ce bonnet m'a fait rire: on diroit qu'ils ont vuidé leur bourfe pour s'habiller, & que perfonne n'a plus le fou pour s'acheter une perruque. J'ai demandé la raifon de cette plaifante coeffure, & on m'a dit que tous ces gens fe font couper les cheveux pour pouvoir travailler à leur aife durant les chaleurs de l'été, & que pour cette même raifon ils ne veulent point de perruque.

Les païfans ont aufli leurs jours de parade qui font le 6 de Mai, où l'on fait faire à St. Janvier fon fameux miracle dans un des pavillons, *Seggi*, de la nobleffe, & le 8 du mois de Septembre où l'on célèbre la fête *de la Madonne di piè di grotta*. Pour lors une foule immenfe d'hommes & de femmes de la campagne, qui vont prefque nuds toute l'année, viennent en ville parés comme des poupées & les femmes furtout, dont la plupart ont des corps & des tabliers de foie garnis de galons d'or ou d'argent. La fête du jour de la *Madonne de piè di grotta* eft celle de toute l'année que l'on célèbre le plus folemnellement à Naples;

& à cet égard la *Madonne* l'emporte sur S. Janvier, quoique la sainte Vierge ne soit dans l'esprit des Napolitains qu'une pauvre sainte en comparaison du grand S. Janvier. Le roi, la reine & la famille royale vont en grande pompe visiter ce jour-là l'église de cette Madonne qui est au pied du Pausilipe: les courtisans, les autres gens de la cour, tout le monde enfin qui a équipage, suit en voiture la famille royale. Les têtes des chevaux sont ornées de plumes plus grandes, plus variées & plus belles que celles des dames de Paris: le roi & la reine se montrent pour lors au peuple dans tout leur éclat: les carosses vont lentement, pour que tout le monde puisse les voir à son aise: le peuple leur témoigne la joye qu'il a de les voir par des acclamations & des gestes plus ou moins énergiques selon qu'il leur est plus ou moins affectionné. Comme les souverains d'aujourd'hui sont beaucoup chéris de leurs sujets, je leur ai vu donner des temoignages extraordinaires d'allegresse, surtout à la reine. J'ai vue entre autres, des femmes qui s'imaginant sans doute qu'une si bonne reine ne sauroit être qu'une sainte, s'empressoient à lui présenter leurs chapelets pour les faire bénir par l'attouchement de ses mains: la reine souriait à ces bonnes femmes, & les contentoit. Si les princes savoient combien il leur est aisé de se faire aimer de leurs sujets, je ne crois pas qu'il y en eut un seul assez insensible pour ne pas préférer ce plaisir à tous les autres.

Les ecclesiastiques de Naples sont ceux de toute l'Italie qui ont le plus d'occasions de se livrer à l'ostentation dans leurs églises, & qui le font avec le plus de pompe. Les quarante heures, les fêtes des patrons, celles d'autres saints, une infinité de fêtes de la vierge, leur fournissent cent occasions par an, de faire briller leurs églises & d'y briller eux-mêmes. Alors la grande messe s'annonce par la décharge d'une furieuse quantité de très petits canons qui font pourtant un très-grand bruit: l'église est parée comme une sale de festins: deux orchestres de musiciens font retentir l'église avant & durant la messe: les meilleurs chanteurs, les plus habiles violons, les plus agréables joueurs d'inftruments à vent fe font entendre tour-à-tour à *folo* l'un à l'envi de l'autre: le monde accourt de tous côtés: on applaudit aux uns: on critique les autres: puis on caufe avec les voifins & les voifines, on fait des propofitions, on s'accorde, on fe donne des rendez-vous: en attendant la meffe avance fans que perfonne s'en apperçoive le moins du monde; & lorsque tous les folos ont fini, on s'en va, & on laiffe les prêtres achever leur befogne à leur aife.

Jusqu'à préfent vous n'avez vu, Monfieur, les Napolitains que dans leur extérieur: vous allez maintenant les voir dans l'intérieur de leurs maifons. Venez avec moi à l'heure du jeu chez la duchesse de ..... qui eft la femme d'un des premiers officiers de la cour, & de la premiere nobleffe du royaume: vous monterez dans l'obfcurité un bel escalier qui n'eft point éclairé, & où perfonne ne vous empêchera de vous caffer la tête: vous pafferez enfuite dans une grande fale, où fe tiennent quatre domeftiques que vous ne verrez pas: mais qui viendront au devant de vous, & qui, faute de lumiere, vous marcheront sur le pied, ou vous heurteront contre le nez: ceux-ci vous conduiront dans l'antichambre où vous trouverez une chandelle de suif, & delà vous passerez dans la chambre de la duchesse, qui est éclairée par une belle bougie, avant que le jeu commence, & par deux durant la partie. Toutes les maisons de Naples, hormis une vingtaine, sont éclairées de cette façon, excepté dans le cas d'une assemblée extraordinaire. En échange on joue très gros jeu & les honnêtes gens y sont toujours les dupes: ceux-ci de leur côté s'efforcent de reparer leurs pertes par de nouveaux réglements sur l'épargne de la maison; on diminue la table; on retranche du salaire des domestiques; on renvoye pour quelque tems les précepteurs des enfants; on fait moins de soupers au Pausilipe; on se gêne en tout, & on fait bien pire encore. Je connois une dame qui, après des pertes continuelles au jeu, & après avoir songé à bien des moyens pour les reparer, trouva qu'il ne lui en restoit plus d'autre, que d'ordonner que dans l'antichambre une seule chandelle suffiroit désormais pour deux soirées. Comme je suis faufilé ici avec quantité de seigneurs, il m'arrive de diner souvent chez eux en famille: mais leur table est trop frugale pour mon appétit: ce n'est guere que des légumes & quelques plats de mauvais poissons avec un peu de mauvaise viande: cependant il y a un certain nombre de maisons, où l'on fait grande chere, & telles sont principalement les maisons Siciliennes & celles où quelque dame étrangère a introduit le goût de son païs pour l'abondance & la délicatesse. La Noblesse de ces contrées tient un grand nombre de domestiques: ce sont des pages, des chapellains, des maîtres d'hôtel, des valets de chambre, des coureurs, des cochers, des valets, des secrétaires, des écrivains, tous gens qui meurent de faim, car ils ne sont pas nourris; & leurs salaires sont si petits, que s'ils veulent satisfaire leur appétit, ils sont obligés de se passer de chemise. Ce seroit une famine générale dans la classe des domestiques, si quelquefois les dames n'avoient pas pitié de leurs pages; si les maîtres d'hôtel qui n'ont ordinairement que trente ou quarante livres par mois pour se nourrir & se loger eux, leurs femmes & leurs enfants, n'en voloient pas cent par mois à leurs maîtres; si les secrétaires & les écrivains ne s'entendoient pas avec les officiers que les seigneurs ont dans leurs fiefs, pour y exercer d'accord toutes sortes de friponeries; si les cochers n'étoient pas de moitié avec ceux qui livrent la paille & l'avoine; si les chapellains ne portoient pas les billets doux, & ne ménageoient pas les entrevues des amans.

Si un Comte ou un Baron Allemand avoit la moitié des revenus qu'ont certaines grandes familles de ce païs, il feroit crever d'indigestion vingt personnes par an, qui viendroient écouter les discours de son grand aumonier sur l'ancienneté de sa famille, & de son grand veneur sur les parties de chasse qui se font dans les forêts de son excellence; & il iroit encore à Paris se faire admirer par les François, & en Italie clabauder contre les aubergistes

& la frugalité de ses habitans, au-lieu que ces grands seigneurs Napolitains ont bien de la peine à se tirer d'affaire eux-mêmes au milieu de tant de monde qu'ils affament, faute de connoître les vrais principes de l'économie.

Les étrangers qui viennent à Naples, sont ordinairement adressés au prince de *Francavilla*: ceux-là n'apprennent rien de tout ce que je viens de dire: ils retournent chez eux en publiant partout que la noblesse Napolitaine est la plus splendide & la plus polie de l'Europe: comme ceux qui ont connu le feu prince de *S. Severo* & le feu duc de *Noia* ont raconté que les grands seigneurs de Naples sont remplis de connoissances profondes; & comme ceux qui connoissent l'abbé *Galliani* & le pere *della Torre*, divulguent que Naples est le siége des beaux esprits & des grands physiciens.

Les amusemens ordinaires des Napolitains sont le jeu, les promenades au bord de la mer, des soupers à *S. Lucia* & au Pausilipe, les caffés, des parties de débauche, la musique & les théâtres. Les jeux sont tous ruineux, &

ils n'amusent véritablement que les grecs: les promenades de soir & de la nuit, ainsi que les soupers à S. Lucia & au Pausilipe valent mieux ; mais il faut aimer la galanterie, sans quoi on n'a d'autre plaisir que d'être spectateur des amourettes & des intrigues galantes des autres. Les caffés sont très propres à égayer l'esprit, parce qu'ils sont très fréquentés & qu'il y regne une liberté & une vivacité extrême; mais les femmes n'y viennent pas comme à Venise & dans quelques autre villes d'Italie. Les théâtres & la musique sont les choses qui m'affectent le plus ici.

Le théâtre de S. Charles, qui est grand & superbe mais où l'on entend à peine les acteurs, est destiné au grand opera. On y joue ordinairement les opéras de Métastase, qui sont bien autre chose que certaines misérables piéces que vous avez vues à Paris au jeu de paume que l'on appelle le théâtre du palais royal: la musique ne vaut pas beaucoup cette année à saint Charles: aussi je m'en embarasse fort peu; car je n'aime pas beaucoup l'opéra serieux des

Italiens; je n'aime pas voir Brutus & Caton défigurés par des caſtrats: je m'accommode beaucoup mieux de l'opéra comique: il eſt vrai que les piéces des Italiens en ce genre ne valent pas, pour le goût & le bon ſens, les operas comiques des François; & certainement les Italiens ſeroient inſupportables avec leurs opéras comiques, s'ils ne ſuppléoient pas au défaut du bon gout par une foule d'extravagances & de bêtiſes ſi extraordinaires, que l'homme le plus ſerieux ne ſauroit s'empêcher d'en rire. D'ailleurs *Paiſiello & Piccini* compoſent la muſique pour les deux théâtres où l'on joue ces opéras; & il eſt inutile de vous dire quels hommes ſont ces deux compoſiteurs.

La muſique Napolitaine eſt, ſans contredit, la meilleure de toutes, & elle l'a toujours été. Les plus grands maîtres eu cet art ont toujours été des Napolitains. En France on écrit aujourd'hui beaucoup ſur la muſique, mais on n'en fait point; ici on n'écrit point ſur ce ſujet, mais on fait en échange d'excellente muſique. On veut en

Franco de la musique raisonnée; mais cette musique raisonnée écorche les oreilles. Les maîtres de chapelle du reste de l'Italie, s'efforcent de mettre beaucoup d'artifice dans leur musique; mais les Napolitains aiment mieux qu'on n'y sente point d'artifice du tout: ils font leur musique pour les sens & pour le cœur & non pour la métaphysique.

Il y a ici plusieurs seminaires qu'on appelle conservatoires, où l'on apprend la musique à de pauvres enfants qui y sont aussi nourris & logés. Cela fait que les théâtres & les orchestres sont toujours pourvus d'une certaine quantité de bons musiciens. A Naples & dans tout le reste de l'Italie on n'admet point sur les théâtres des operas sérieux, des chanteurs ou des chanteuses qui ne connoissent point la musique, & quant aux operas comiques, on ne reçoit ordinairement de ces gens que pour faire les rôles de bouffons, & encore cela se fait-il rarement. Les Italiens sont tous naturellement chanteurs: ils ne vont jamais au théâtre, qu'ils n'emportent dès la premiere fois les airs qui leur ont plu, & qu'ils ne fachent, pour la plupart, les rendre aussi bien que l'ont fait les chanteurs eux-mêmes. En France c'est tout le contraire: leurs chanteurs de théâtres ne savent pas chanter; & ils ne rendent jamais l'air, comme le maître de musique l'a composé. Les François se vantent & se consolent de ce que leurs opéras sont courts; & ils ont bien raison. Indépendamment de la musique les Italiens ont, en fait de spectacles, encore un autre avantage sur les François, qui est qu'ils ne vont pas aux spectacles comme l'on va à l'église pour entendre la messe le dimanche, mais pour s'amuser encore de plusieurs autres manieres, à faire des visites à leurs connoissances & à leurs belles, à causer, à se regaler de glaces, à jouer, à souper, à faire l'amour; & tout spectacle que l'on joue plus d'une fois, ne mérite pas mieux à mon avis.

LETTRE VINGT-UNIEME.

NAPLES le 30. Octobre 1775.

Tintamarre de Naples: sa population: beauté & situation délicieuse de cette ville: défaut de promenades commodes pendant le jour. Commerce & industrie des habitans: entraves du commerce. Moyens de subsister. Méfiance générale; causes de cela. Mauvaise police. Lazzaroni & leur caractere. Troupes du roi de Naples. Regiment des Liparottes: regiment des gardes: regiments Albanois: Cocagnes: Climat. Femmes.

JE n'ai pas coutume de vous écrire des choses que vous pouvez aisément apprendre dans les livres des voyageurs. Je ne puis cependant pas m'empêcher de vous entretenir un peu sur la ville de Naples; parceque je m'imagine que, comme elle m'a toujours extrêmement frappé, toutes les fois que j'y suis venu, vous devez de même relire avec un nouveau plaisir les nouvelles descriptions qu'on vous en fait. Quand on est à environ une lieue de Naples, on s'apperçoit déjà qu'on s'approche de la ville la plus bruyante de l'univers. D'abord un bruit éloigné & confus frappe vos oreilles: ensuite vous distinguez insensiblement le chant des muletiers, des âniers, des païsans, les cris des enfants, le bruit des carosses, des cabriolets, des chaises, la voix perçante des femmes, les discours vifs & animés des hommes qui vont en ville & de ceux qui en reviennent en troupe. Ce bruit augmente à mesure que vous avancez; & quand vous n'êtes plus qu'à une demie lieue de la ville, vous entendez tout à la fois le tintamarre du dehors & le fracas du dedans. Vous vous imagineriez que le peuple le plus vif de la terre célèbre ce jour-là une fête extraordinaire: c'est cependant l'histoire de tous les jours depuis l'aurore jusqu'à minuit. On ne voit rien de pareil dans les villes les plus grandes & les plus peuplées de l'Europe à l'occasion de leurs plus grandes solemnités. Vous avez vu à Paris, les derniers jours de la semaine sainte, les promenades à *Long-champ*: le bruit des carosses, des gens à pié & à cheval, que vous avez entendu alors, n'est qu'un silence en comparaison de ce qui se passe ici tous les jours.

La ville renferme, non pas six cent mille habitans, comme le dit un voyageur des plus modernes, mais certainement trois à quatre cent mille: on diroit que ses habitans sont toujours dans les rues & qu'ils crient tous à gorge déployée. Je crois qu'un homme curieux pourroit bien aisément découvrir tous les secrets des gens qui vont à pied, s'il vouloit se donner la peine de suivre ceux qui parlent d'affaire entre eux: car tout Napolitain ne parle pas seulement haut; mais il crie; & comme la police & le gouvernement n'y maintiennent point d'espions, & que personne ne fait non plus ici ce métier de soi-même, tout le monde parle à ses amis, en public, de ses affaires, avec aussi peu de reserve, que si personne ne pouvoit l'entendre: c'est une expérience que je fais très-souvent & contre mon gré, lorsque je me promène tout seul dans les endroits les plus fréquentés; mais lorsque je cris en compagnie, je suis bien sûr que les avis de mes compagnons me garantissent de ce désagrément.

Naples est la plus belle de toutes les grandes villes: elle est toute pavée de larges dalles: les rues sont ordinairement droites & assez larges: on ne voit ni à Paris ni à Londres une rue égale à celle qu'on appelle ici *Strada di Toledo*: les maisons sont hautes & à toits plats: ces toits sont faits ainsi, non pas pour y bâtir des jardins en l'air, comme le racontent bien des voyageurs, mais pour y mettre des pots à fleurs, & des vases avec des arbres fruitiers, pour s'y promener, pour y converser avec les personnes qui sont logées dans la même maison & avec celles des maisons voisines: les galants en tirent sans doute encore d'autres avantages. La pluie ne fait aucun dommage à ces toits, parcequ'ils sont bâtis d'une terre que l'eau ne fait qu'endurcir, & qui imite la fameuse pouzzolane que vous connoissez assez. La situation de cette ville ne sauroit être plus belle : vers le Nord, de riches côteaux couverts de vignobles, de vergers, d'arbres fruitiers, de figuiers, d'oliviers, d'orangers, de citroniers, & parsemés de villages, montent insensiblement à la campagne heureuse : au Midi un golfe, large de douze milles & long de trente, arrose la ville, & forme une tasse, que les Napolitains appellent *cratere*, nom que les anciens lui ont déja donné. A l'Orient se présente une plaine qui conduit au mont Vésuve ; & à l'Occident une partie de la ville s'élève vers le mont St. Elme, où est le château de ce nom, avec une chartreuse au pied, d'où l'on jouit de la vuë la plus ravissante qu'on puisse imaginer : car en face vous avez la mer & plusieurs iles : sous vos pieds vous voyez la grandeur & le plan de Naples, avec les jardinages qui l'environnent: si vous promenez vos yeux sur le rivage, vous êtes enchanté par quantité de petits caps, & par de jolis villages dont cette plaine est parsemée: un peu plus loin se présente le mont Vésuve, qui envoye en l'air tantôt de la fumée, tantôt du feu.

Cette ville a pourtant, ainsi que presque toutes les autres de l'Italie, un très-grand inconvénient : c'est de manquer de promenades publiques, où l'on puisse être à l'abri du soleil. Il n'y a point de jardins publics, ni de ces allées d'arbres sous lesquels on se promène dans les villes de la Hollande, sans voir les rayons du soleil; faute de pareilles promenades ceux qui n'aiment pas de se promener dans les rues à l'ombre des maisons, sont obligés de se tenir à la maison jusqu'au soir, & de passer toute la journée soit à jouer ou à s'ennuyer. Cependant pour ne pas périr faute d'exercice, on va se promener le soir & la nuit après les spectacles au bord de la mer ; mais ces promenades nocturnes produisent deux inconvénients, l'un est qu'à la faveur de l'obscurité on se livre à toutes sortes de débauches, & qu'il se commet, de tems en tems, bien des désordres ; l'autre, que l'on perd le tems le plus précieux du sommeil, & que l'on fait du jour nuit, & de la nuit jour, au grand préjudice de la santé. Si les Napolitains avoient des promenades publiques, je crois que la noblesse y deviendroit peu-à-peu plus sociable. La plupart des nobles n'étant accoutumés jusqu'à présent de se voir que par des motifs de parenté, de jeu ou de galanterie, ils s'apprivoiseroient insensiblement & deviendroient des êtres plus populaires & plus traitables par l'habitude de voir toujours une foule de monde dans les promenades.

Le commerce de Naples est peu considérable, & celui des Napolitains l'est encore moins: la Calabre, la Pouille, la Campagne heureuse envoyent ici une partie de leurs productions, de la soie, du coton, des vins, du bled, de l'huile, de l'alun, des figues, des oranges, des citrons, de la manne, du suc de réglisse; & les Anglois, les Hollandois, les François, les Danois, les Suédois viennent tirer tout cela des magasins, tandis que le gros du peuple Napolitain se borne à faire des maccarons, des cordes de violon, des boëtes de la lave du mont de Vésuve; à tricoter des bas; à courir de couvent en couvent mendier la soupe; à voler des mouchoirs; à vendre des fruits; à revendre les draps, les étoffes de goût, les bijoux, les clinquailleries, venus de l'étranger. Cependant Naples est de toutes les villes d'Italie, celle qui devroit avoir le commerce le plus florissant par sa situation auprès de la mer, par sa grande population, par l'affluence d'une noblesse très riche, par la commodité qu'elle a d'attirer chez elle toutes les productions des deux royaumes, par la fécondité du terrein, par la douceur du climat de ces contrées, enfin par la paresse & l'indolence de ses voisins. Les étrangers qui viennent ici, sont dans la coûtume d'attribuer ce défaut de commerce à la paresse & à l'indolence de ce peuple. J'ai moi-même apporté ici cette prévention, lorsque j'y suis venu pour la première fois; mais un plus long séjour & plus d'attention m'ont persuadé du contraire: les Napolitains ne sont point naturellement paresseux: le climat n'engourdit point les hommes: cela se voit à l'activité & à l'assiduité de ceux qui exercent quelque métier: mais il y a d'autres inconvénients qui s'opposent au commerce, & qui étouffent l'industrie. La noblesse, les curiaux, les gens en place, le clergé & les moines surtout possèdent toutes les terres & presque tout l'argent de ce Royaume. Tous ces gens fuyent le commerce ; la noblesse par orgueuil ; les curiaux & les gens employés aux affaires de la cour & de l'état par nécessité, les moines & le clergé par un principe de leur profession : le reste des habitans ne peut pas faire le commerce, parcequ'il manque de terres & d'argent : cette classe d'hommes ne peut embrasser que des professions qui exigent peu de fonds ; & ces professions ne sont pas suffisantes pour faire prospérer le commerce. Outre cela, la vanité des nobles & des gens de loi, qui veulent tous avoir un grand nombre de domestiques, rendent fainéans & inutiles à jamais une immense quantité d'individus, nécessaires aux fabriques & au commerce ; de plus, tant de curiaux ont fait de cette ville le siége de la chicane ; & où il doit y avoir du commerce, il ne faut pas de chicane : enfin les officiers du port & de la marine sont de vrais brigands qui vexent & pillent tous les vaisseaux qui apportent des marchandises, & tous ceux qui en exportent, de sorte que le port de Naples est plus décrié chez les mariniers modernes pour les avanies qu'ils y reçoivent, que ne l'étoient chez les anciens Sylla & Caribde, pour les dangers qu'ils y couroient.

Vous me demanderez ici comment il peut se faire après cela, que trois à quatre cent mille ames trouvent de quoi subsister au milieu de cette paresse. Je vais vous l'expliquer. La noblesse, qui est très nombreuse, vit des revenus qu'elle tire de ses terres. Trente ou quarante mille curiaux subsistent de la rage des nobles qui sont tous en procès soit entre eux, soit avec leurs sujets ; de la pauvreté des débiteurs qui plaident pour retarder les payements ; de la rapacité des couvents qui disputent à tous les propriétaires leurs maisons & leur terrein ; enfin de l'ignorance de tout le monde, qui, comme partout ailleurs, est gouverné par des loix que personne n'entend, & que des Jurisconsultes ont faites pour qu'elles soyent toujours le jouet des jurisconsultes. Cent mille domestiques de toute espèce, secrétaires, écrivains, pages, valets de chambre,

bre, laquais, courreurs, cochers, cuisiniers vivent en partie des petits salaires, en partie des grands vols qu'ils font à tant de nobles & tant de curiaux, leurs maîtres. Cent quarante neuf couvents, quatre eglises principales, desservies par des chanoines, quarante-trois eglises paroissiales, soixante-dix autres eglises, cent trente oratoires, cinq seminaires eccléssastiques nourrissent plusieurs milliers de fainéans vigoureux, qui savent par cœur quatre mots de latin: onze hôpitaux, dont le principal, qui s'appelle de l'Annonciate, jouit de plus de quatre cent mille écus de revenus; & les soupes qu'on distribue tous les jours dans plusieurs couvents, font végéter les fainéans foibles ou malades, & nombre de ceux qui sont trop orgueilleux pour mandier, & trop paresseux pour travailler, qu'on appelle ici comme dans tout le reste de l'Italie, pauvres honteux. Les *Lazzaroni*, dont le nombre monte à environ quarante mille, n'ont besoin que de culottes, de *macaroni*, des legumes, ou des fruits; car c'est là tout leur habillement & toute leur nourriture: ils se procurent le peu d'argent qu'il faut pour cela, par mille petits services qu'ils rendent dans les maisons des particuliers, où ils se donnent ordinairement bien de garde de faire le moindre mal; par les mouchoirs & les tabatieres qu'ils volent aux passants dans les rues les plus fréquentées; par l'assiduité de leurs femmes qui s'occupent toute la journée à tricoter & à faire d'autres petits ouvrages; car les femmes des *Lazzaroni* sont la seule partie des habitans de Naples, qui travaille. Ajoutez à tout cela, les gens qui subsistent des emplois de la cour & de différents tribunaux; le petit nombre de fabriquants, de négociants & d'artistes, les artisans, les caffetiers, les aubergistes & les petits cabaretiers; & vous voilà au fait des moyens dont tout le monde subsiste ici.

Les Napolitains sont extrêmement rusés, intriguans & remuants: l'intérêt est leur Dieu: tout est sacrifié à cette idole: le pere perd ses droits sur ses enfants; ceux-ci comptent envain sur l'amour paternel; les chaines de l'amitié sont brisées; les gênes de la bienséance levées dès que l'utilité l'exige. La volupté n'occupe que la seconde place dans le cœur de ce peuple; cette malhonnêteté générale a occasionné ici une méfiance générale: si vous avez une lettre de change sur un négociant de cette ville, celui ci, au lieu de vous compter votre argent, vous donne un billet sur une des banques, qui ne vous sert encore de rien, si vous ne venez à la banque avec un document authentique d'un notaire du corps de ceux que les officiers de la banque connoissent, qui fasse foi que vous êtes celui dont parle le billet. Pour cet effet, les négociants ont ordinairement des dépôts dans les banques; & quand ils n'en ont pas, ils y apportent alors l'argent qu'il faut, pour que vous alliez l'y prendre avec la formalité établie. La volupté de ce peuple produit une méfiance générale d'un autre genre. Les femmes qui craignent les insultes, n'osent paroître en public qu'en voiture: ou si elles vont à pied, elles se font escorter de quelqu'homme de leur rang & accompagner de leurs domestiques. Sans cette précaution elles courrent risque, principalement la nuit, d'être attaquées dans les rues: malgré cette précaution il arrive encore très souvent que les honnêtes femmes qui vont la nuit à pied, font insultées. Il n'y a pas longtems qu'un marquis marié, très connu dans cette ville, ayant vu, au sortir de la comédie, une jolie demoiselle à qui son oncle donnoit le bras, il la fit enlever par ses domestiques, la viola & l'abandonna dans la rue. J'accompagnai, il y a quelques jours, une dame qui se retiroit à pied chez elle après minuit: un coureur alloit devant avec un flambeau, un domestique nous suivoit avec un autre flambeau: malgré cela, nous ne fumes pas plutôt arrivés à une rue un peu étroite, que deux hommes assez bien mis se jetterent sur le coureur pour lui enlever son flambeau; mais il fut assez adroit pour leur bruler la figure; ce qui les obligea de se retirer. Un dimanche j'allai à la messe avec une autre dame à une église, où il y avoit une grande musique & par conséquent une foule de monde: il falloit monter un escalier; des domestiques nous précédoient qui faisoient faire place; d'autres domestiques nous suivoient; mais nous n'étions pas encore au haut de l'escalier, que la dame cria *miséricorde*: elle avoit senti une main d'homme sous ses jupes; & la foule nous empêcha de découvrir le fripon. Ce désordre gêne extrêmement les femmes qui n'ont point de carosse: la plûpart de celles-ci sont obligées de demeurer toute l'année à la maison; & les maris sont forcés de souffrir que des galants viennent les desennuyer, pendant qu'ils vont eux-mêmes en desennuyer d'autres.

Après cela il n'est pas, je crois, nécessaire de m'étendre beaucoup sur la police de cette ville: n'allez cependant pas vous imaginer qu'il n'y en ait point du tout: des escouades de sbirres sont distribueés dans toute la ville, qui font la ronde pendant la nuit, chacune dans son quartier. Les sbirres sont conduits par un écrivain de la justice criminelle & accompagnés de quelques soldats: ces commandants de sbirres sont eux-mêmes des fils de sbirres ou d'autres méchants coquins: car les honnêtes gens ont ici de l'aversion pour le service de la justice criminelle; ainsi les scélérats n'ont qu'à gagner un de ces hommes incorruptibles pour commettre impunément tous les excès. Après les recits que je viens de vous faire, vous vous figurerez, sans doute, que Naples est un coupe-gorge, où il doit se commettre des assassinats sans nombre, où la moitié des femmes qui sortent la nuit, sont violées, où les hommes reviennent tous les jours chez eux sans mouchoir, sans montre & sans tabatière; point du tout: à Rome où il n'y a pas le tiers de la population de Naples, où la police est un peu meilleure & où l'on adore deux Dieux dont l'un siège dans la ville même, il se commet plus de meurtres en six mois, qu'il ne s'en commet en plusieurs années à Naples, où l'on ne reconnoît d'autre Dieu que *St. Janvier*. A Venise les voleurs brisent & pillent les boutiques & attaquent les gens pour les dépouiller, tandis que les pauvres *Lazzaroni* de Naples se contentent de glisser leurs mains dans les poches des passants sans les effrayer. A Paris où la police est portée au plus haut point de perfection, où tous les caffés, tous les hôtels garnis, toutes les maisons de jeu, toutes les falles de fpectacles, tous les cabarets, toutes les promenades, toutes les grandes rues fourmillent de mouches; ou tant de Savoyards, tant de filles & tant de beaux Mrs. à habits galonnés font l'honnête metier d'efpion; où il n'arrive pas un étranger que la police ne fache mieux que lui, ce qu'il y fait, par les mouches qu'elle met à fes trouffes; où le guet à pied & le guet à cheval vont continuellement à la découverte; où toutes les rues & toutes les avenues de la ville font éclairées par des réverberes à deux & à trois mêches, à Paris, dis je, l'hôtel du lieutenant général de police fourmille tous les matins de monde, qui vient rapporter de nouveaux crimes & de nouvelles fourberies de la nuit & du jour précédents, tandis que les rapports qu'on fait au préfident de la Vicarie de Naples, rempliffent à peine une page d'ecriture.

Les *Lazzaroni* de Naples ne font pas une populace auffi méprifable qu'on la croit communément. Ce font de beaux hommes, couleur de bronze, en chemifes & en culottes, les jambes nues, de belle taille, carrés, nerveux, robustes, qui font tout ce qu'ils peuvent pour gagner leur vie honnêtement, & qui se procurent par des vols légers le reste de ce qu'il leur faut pour ne pas mourir de faim. S'il y avoit du commerce & des manufactures, il est évident que ces gens qui forcent les passants à cacher leurs montres & à porter leurs poches en dedans des habits, aimeroient mieux travailler dans les atteliers que de guéter les gens dans la rue *Toledo*. La populace des autres grandes villes est bien plus insupportable que ces pauvres *Lazzaroni*. Rien de plus facile à contenter qu'un *Lazzaroni* qui vous rend quelque service, & rien de plus difficile que de satisfaire, à Londres & à Paris, les porte-faix, les bateliers, les fiacres & les Savoyards dont on a besoin On accuse les Lazzarons d'être portés à la révolte; mais je crois que ce reproche n'est fondé que sur l'exemple de *Masaniello* qui fit éclater une rebellion, laquelle s'étoit formée d'elle-même. Les Lazzarons prirent alors les armes, parceque le Viceroi d'Espagne avoit si fort chargé d'impôts les legumes & les fruits qui ontroient dans la ville, que les pauvres gens devoient ou mourir de faim, parce qu'ils n'étoient plus en état d'acheter leur nourriture, ou de sauver leur vie par la révolte. Je crois que dans un cas pareil toute la canaille du monde en feroit autant; & il n'y a pas longtems qu'à Paris il y a eu une espèce de révolte, parce que l'on avoit fait accroire au public qu'il y avoit une disette de bled, tandis qu'il y en avoit si grande abondance, que la canaille, qui demandoit du pain, jettoit des sacs de pain & de froment dans la riviere.

La ville de Naples s'est souvent révoltée: de grands seigneurs ont tramé les conspirations, comme cela arrive ordinairement; & la canaille, qui est partout aux ordres des grands pour leur argent, les a exécutées: cependant cette ville si remuante s'appelle *fedelissima*, très fidèle. J'ai lu une rélation imprimée où ce titre fait un beau contraste: elle est intitulée: *Relazione della quarantesima rebellione della fedelissima città di Napoli*, Rélation de la quarantieme rebellion de la très fidèlle ville de Naples. Actuellement le gouvernement étant changé à Naples, le caractère des habitans est aussi changé. Autrefois c'étoient de méchants vice-rois qui desoloient la ville & tout le royaume : à présent le roi y réside lui-même ; & si de méchants ministres s'avisoient de s'enrichir par la famine des sujets, les rois qui n'aiment pas à être sans sujets, éclairés par d'autres ministres, émus par les plaintes du peuple peuvent aisément rémedier à des maux qu'ils ne verroient pas s'ils étoient éloignés. Ce roi, par la bonté de son cœur, paroît fait pour changer entiérement le caractere des Napolitains.

Les troupes du roi de Naples ne font point nombreuses : elles ne passent guere les vingt six mille hommes ; mais si les revenus actuels de la couronne le permettoient, ces troupes pourroient être augmentées, sans le moindre inconvenient, de trente mille hommes de plus ; puisque le nombre des sujets va au dela de cinq millions. Les troupes de ce monarque sont des plus belles de l'Europe, pour la beauté & la vigueur des soldats ; mais elles ont très mauvaise mine par la saleté de leurs uniformes & le défaut total de discipline. Il n'y a qu'un seul régiment qui soit bien entretenu & bien discipliné: c'est celui des Liparotes: le roi a commencé à le former des beaux hommes qu'il tira des Isles de Lipari. Le régiment des cadets est bien habillé; mais on n'y voit pas ombre de discipline quelconque: ce corps, qui est nombreux, fournit des galans aux femmes qui ne trouvent rien de mieux & qui sont en état de leur donner de petits repas & quelque peu d'argent pour se tenir propres. Les régiments des gardes Italiennes & des gardes Suisses sont ce qu'il y a de mieux après les Liparotes.

Les Napolitains font grand cas des régiments Albanois: ils les préferent, pour la bravoure, aux Suisses & aux Liparotes. Je ne sais pas sur quoi cette prévention est fondée: car personne n'a pu m'en donner la raison: mes observations ne leur seroient pas aussi favorables: ils sont aussi mal habillés & aussi mal disciplinés que le sont communément les autres: ces Albanois viennent de la Calabre; mais leurs ancêtres sont passés de l'Albanie en Calabre : ils s'y sont établis en différents endroits, où ils ont conservé leur langue, & adopté les rits de la religion dominante.

La garnison de Naples est d'environ neuf mille hommes: ce nombre suffit à présent pour maintenir le bon ordre & la tranquillité publique, puisque la noblesse ne remue plus & que le peuple aime le gouvernement actuel. Mais sans cette bonne disposition de la noblesse & du peuple, les neuf mille hommes de garnison, quoiqu'armés, ne pourroient pas contenir quarante mille Lazzarons sans armes & en culottes. Les Lazzarons de Palerme, qui sont bien moins nombreux, eurent bientôt desarmé la garnison dans la révolte qui y éclata il y a un an; & ce ne furent pas les soldats, mais les négotiations & les bonnes paroles, qui firent, six mois après, rentrer dans son devoir, une populace sans chef, qui ne demandoit pas de secouer le joug, mais seulement du bled & du pain. Deux Lazzarons sans armes valent bien un soldat tout armé, comme je l'ai vu en plusieurs occasions: je paſſai, il y a quelques ſemaines, devant la *Vicaria*, qui eſt le palais où l'on rend la juſtice, ou pour mieux dire, l'antre de la chicane: quatre ou cinq Lazzarons avoient, dans ce moment, entamé une querelle: des paroles ils paſſérent aux ſoufflets: cette ſcène m'arrêta; car il eſt curieux de voir les Lazzarons ſe ſoufflcter: ce jeu de mains ſe fait avec une gravité & une générofité dignes de l'attention d'un étranger: les coups tombent lentement ſur la tête & ſur le cou: lorſque l'un a porté ſon coup, il retire gravement la main, & ſemble attendre que l'autre lui porte le ſien à ſon tour: en attendant d'autres Lazzarons ſurvinrent & prirent parti dans cette querelle: le combat en devint de plus en plus ſérieux: & bientôt on en vint aux pierres, par où finiſſent ordinairement les combats de ces braves. Pour lors j'ai cédé la place aux combattans & je me ſuis ſauvé dans une maiſon pour voir en ſureté l'iſſue de cette bataille. Le nombre de combattans augmentoit à chaque inſtant de part & d'autre: il y eut bientôt plus de vingt Lazzarons de chaque côté: durant ce combat un corps de cent hommes à cheval, vint pour diſſiper ces furieux; mais ces cavaliers n'eurent pas plutôt tiré le ſabre que les Lazzarons finirent, comme s'ils avoient été d'accord, le combat entre eux, & s'étant tournés tous contre la cavalerie, ils l'accablerent d'une grêle de pierres qui l'empêcha d'avancer ſur eux; & comme les ſoldats bleſſés tomboient de cheval, les autres prirent la fuite & laiſſerent-là leurs camarades: après cela, les Lazzarons quitterent auſſi tranquillement le champ de bataille que s'ils étoient venus de boire enſemble. Les deux cocagnes que l'on a données cette année pour célébrer la naiſſance du prince, dont la reine eſt accouchée, m'ont fait voir d'une autre façon la bravoure des *Lazzaroni*.

Savez-vous ce que c'eſt qu'une cocagne? Figurez vous un amphithéatre élevé dans la place qui eſt devant le palais du roi: des vaches, des veaux, des moutons, des cochons & des tas de pain couvrent la platte-forme de cet édifice: on voit ſur les côtés des oyes, des dindons, des poulardes, des chapons &c. &c. Tous ces animaux y ſont attachés tous vivants, de forte qu'il eſt triſte de les voir. Le roi livre tous les ans, au carnaval, une de ces cocagnes au peuple : cela ſe fait par fois auſſi en d'autres occaſions, comme lors qu'il y a quelque diſette extraordinaire dans la ville, ou quelque réjouiſſance à la cour : dans ces cas les cocagnes ſont encore plus abondantes : les deux que j'ai vu cette année, étoient plus chargées que ne le ſont les cocagnes ordinaires : elles étoient flanquées de fontaines de vin : il y avoit des figures de Dieux & de Déeſſes ſuperbement habillées ; & ces divinités furent livrées au pillage, auſſi bien que les vaches & les cochons. Trois rangs de ſoldats à pied & à cheval entouroient l'édifice, pour que le peuple ne pût ſe jetter ſur la proye avant le ſignal donné : à ce ſignal, les troupes doivent s'ouvrir, & les Lazzarons en chemiſe & en culotte courent à la cocagne : malheureuſement ces deux fois la populace prit pour ſignal ce qui ne l'étoit pas : elle courut avant que les troupes ſe fuſſent ouvertes : celles ci s'efforcerent d'arrêter le torrent qui venoit à elles; mais les Lazzarons enfoncerent d'un côté l'infanterie qu'ils trouverent sur leur passage, & d'un autre côté ils sauterent par-dessus les cavaliers qui s'efforçoient envain de remuer leurs sabres.

Je vous ai dit plus haut, que les Lazzarons volent les mouchoirs; j'ai oublié d'y ajouter, que ceux qui font quelque chose de mieux, volent les montres, & tout ce qui peut être volé commodément. Cet été il y a eu plusieurs grands festins à la suite des fêtes que l'on a données à la cour: des princes, des ducs, des ministres étrangers, des officiers de plusieurs régiments ont voulu se signaler par des repas & des bals de la plus grande magnificence: à quelques unes de ces fêtes plusieurs milliers de bougies & de flambeaux répandoient, durant la nuit, dans les jardins & dans les hôtels une splendeur éblouissante: chez le prince de *Jaci* la table, où étoient le roi & la reine avec les premières dames & seigneurs de la cour, fut servie en vaisselle d'or depuis le commencement jusqu'à la fin. Enfin chacun s'efforçant de se distinguer de quelque façon, les officiers du régiment des *Liparotti*, qui donnerent le dernier festin, imaginerent de donner un bal masqué en permettant l'entrée à tout le monde qui feroit proprement habillé; & tout ce monde devoit être fervi avec profufion de glaces, de confitures & de toutes fortes de vins étrangers: mais ce monde proprement habillé y vola par trois fois tous les verres, toutes les taffes & toutes les bouteilles, de forte que le lendemain il n'y eut plus de verres, ni de gobelets dans les boutiques de la ville.

Je vous ai affez parlé de Naples & des Napolitains. Cependant il me refte encore un mot à ajouter fur le climat, & fur les femmes. Ce climat eft également doux en hyver & en été. Les chaleurs de l'été font temperées par la brife de la mer: quand il ne fait point firoc, & qu'on connoit bien la ville, on peut fe promener même fur le midi, à l'ombre des maifons, fans être incommodé par la chaleur. Dans l'arrière faifon & au gros de l'hyver les pluyes font frequentes & de longue durée: mais il y a toujours dans la journée quelques heures de beau temps, où l'on peut faire de l'exercice ; car le pavé de la ville est sec presque dès l'instant où la pluie cesse. Pendant tout l'hyver dernier j'ai toujours eu les fenêtres de ma chambre ouvertes, & je n'ai fait du feu que le mois de Decembre, & au commencement de Janvier. Nous sommes à present à la fin d'Octobre : cependant les enfants de la populace se baignent encore en foule dans la mer. Ces garçons ne font point de façon : ils s'amassent en troupes dans la *Strada Nuova* au bord de la mer, où est la promenade la plus fréquentée de la ville. Là ils se deshabillent à leur aise devant tout le monde, c'est-à-dire, qu'ils s'ôtent la chemise & les culottes : puis ils vont lentement se jetter dans la mer : & les dames en carosse, ainsi que les filles & les femmes de la populace jouissent en passant de ce spectacle: ces corps couleur de bronze avec toutes les marques de la plus parfaite vigueur ne les effarouchent point.

Les femmes de Naples passent pour belles ; & pour très-belles même chez ceux qui s'en tiennent aux relations de certains voyageurs. Cependant ces femmes feroient un singulier contraste avec les Saxonnes & les Suisseſſes, qui sont auſſi très-belles. Dans celles-ci dominent la blancheur & le vermillon, ou comme diroit notre ami, les lys & la pourpre : dans celles-là la pâleur & le brun : les Suisseſſes & les Saxonnes ont les cheveux blonds & les yeux gris ou bruns ; les Napolitaines ont les chevaux noirs & les yeux couleur de jeais : les premieres sont naturellement gaïes & aiment le babil : les secondes sont sérieuses & font plus de gestes que de paroles. Il y a des étrangers qui sont infatués de ces signes de tête & de ces mouvemens d'yeux dont les Napolitaines expriment leur oui & leur non : mais pour ceux, qui ont la vue baſſe, ces signes de tête sont des réponses bien obscures ; & pour ceux qui aiment la politeſſe, ils y trouvent une sorte d'impoliteſſe. Quant à moi je vous avoue ingenuement, que je trouve ces beautés un peu trop laides, pour que je puiſſe m'accorder avec meſſieurs les voyageurs. Les hommes font assurément beaux & bien faits: j'ai aussi vu une douzaine de femmes de la plus grande beauté: mais ce nombre est trop petit, à mon avis, pour pouvoir donner du lustre & de la réputation à cent mille femmes, qui n'ont de beau que les yeux.

LETTRE VINGT-DEUXIEME.

NAPLES le 15. Novembre 1775.

Cène de ceux qni vont voir le cabinet de Portici. Salerne: Paestum & ses ruines. Amalfi. Voyage en Calabre: Précautions à prendre pour ce voyage. Changement prodigieux dans la surface de sa côte occidentale: impossibilité de trouver l'emplacement des anciennes villes sur cette côte. Castell' a mare della Bruca: Policastro: Turtura: Scalea: Paula: Murano: Castrovillari: Saracina: Altomonte: *heureuse rencontre; Vins de ce canton:* Cetrara: *montagnes fertiles de ce canton.* Cosenza *Capitale de la Calabre citerieure: histoire concernant* Stocco de Cosenza, & Masuccio Salernitano: Environs de Cosenza. Monte Leone: Bivona. Mileto: Seminara. *Endroit jusqu'où arrivoit la mer avant que la Sicile fut détachée de la Calabre.* Reggio. *abbé Morisano a refuté & corrigé* M. d'Orville. Fata Mor-

-gana spectacle sur la mer : productions des montagnes & des campagnes de Reg-gio. Nouveaux impôts inventés par le marquis Gregoil de Squillace: Réflexions sur l'opinion de ceux qui croyent que les climats chauds rendent les hommes paresseux. Montagnes de la Calabre: productions de la côte occidentale: excellence de ses fruits, & de ses vins: commerce des Génois sur cette côte. Albanois établis dans la Calabre: Mines. Voyage par la côte orientale de la Calabre: fertilité de cette côte. Motta di Burzano: vestiges de l'ancienne ville de Locres: différence prodigieuse de l'état actuel de cette côte d'avec son état ancien: Gerace: Capo di Stilo: chartreux: Squillace: Catanzaro, capitale de la calabre méridionale. Simori: Cotrone. Restes du temple de Juno Lacinia. Endroit de l'ancienne Sybaris. Fertilité naturelle de ce canton: manne: suc de réglisse. Mines: Situation de l'ancienne ville de Métapontum: plaines fertiles: Taranto: parallele de son état ancien avec son état actuel. Scylla: environs de Scylla: passage du détroit quand il est dangereux. Prince de Scylla. Mœurs & caractere des Calabrois.

Je vous ai écrit plusieurs lettres sur Naples, sans vous avoir dit un mot ni de ses Antiquités, ni du mont Vésuve. Cela n'a pas le sens commun. Cependant on a tort d'exiger de ceux qui viennent à Naples, qu'ils parlent beaucoup d'antiquités: celles de Pouzzole, de Cumes & de Bayes sont trop connues, pour qu'on puisse avoir du plaisir à en entendre de nouvelles rélations, qui ne peuvent être que des répétitions des précédentes. Quant aux antiquités d'*Herculaneum* & de *Pompeia*, personne n'est en état d'en donner des détails que ceux que le roi a chargé de travailler à l'ouvrage, connu sous le titre d'antiquités d'*Herculaneum*. Tout ce que l'on a déterré dans ces deux villes a été transporté dans le cabinet royal de *Portici*; & il y a une ordonnance qui défend à ceux qui voyent ces antiquités de s'arrêter pour en tirer des copies, ou pour faire des remarques par écrit. L'esprit de cette ordonnance est d'empêcher les curieux qui pourroient quelquefois mieux observer que ceux qui en sont chargés, de faire des censures sur un ouvrage qui se publie sous les auspices du roi. Il y a une autre ordonnance dont je ne conçois pas également l'esprit : elle défend l'entrée de ce cabinet aux étrangers & aux ecclésiastiques du royaume, à moins qu'ils ne soient pourvus d'une permission du premier ministre. Quant aux ecclésiastiques, on m'a dit que leur manteaux & leurs longues robes, sous lesquelles ils pourroient aisément cacher quelques priapes ou autres petits antiques, les rendent suspects. C'est peut-être la même crainte qui a fait étendre cette défense aux étrangers pour en pouvoir éloigner les gens sans aveu. Il ne me reste donc plus rien à dire sur Naples, à moins que vous ne me fassiez ressouvenir de quelque chose dans vos lettres. Mais comme je ne vous ai encore rien mandé de mes voyages en Calabre & en Sicile, je profiterai du tems que je resterai encore ici, pour vous communiquer les observations que j'ai faites sur ces païs, qui sont encore peu connus aux étrangers.

Quand je partis pour la Calabre, je pris la route de Salerne. Le chemin

chemin de Naples à cette ville est si beau, & les chevaux Napolitains vont si vite, que j'y suis arrivé dans une demie journée. Salerne est dans une belle plaine. La mer la baigne à l'ouest, & le reste est environné de fertiles côteaux. Treize couvents de moines & quatorze de religieuses attestent assez la fécondité de son terrein. Les Arabes & les Sarrasins ont fondé dans cette ville une école, qui a commencé à dépérir, dès que les ténèbres de l'Alcoran ont été dissipées par les lumieres de la religion Romaine, que les catholiques victorieux y ont rétablie, après en avoir chassé les sectateurs de l'Alcoran. Cette université étoit sur tout célèbre par son école de Médecine : je me trompe, ce n'étoit pas une université, quand les Musulmans y enseignoient l'art d'Esculape: elle ne le devint qu'après que les Arabes eurent été remplacés par les Bénédictins, qui continuerent à enseigner & à pratiquer la médecine comme les Musulmans, jusqu'à ce que les papes le leur défendirent dans la suite, parcequ'ils ne trouvoient pas décent que des gens qui font profession de renoncer au monde, s'occupassent toute leur vie à gagner de l'argent & à guérir des femmes, qui sont la choses du monde la plus mondaine. Les médecins de Salerne ont publié en 1100 ce fameux ouvrage, connu sous le nom de *Schola Salernitana*, dont le redacteur, qui n'étoit pas moine, a renfermé, dans des vers léonins, tous les préceptes de cette école. Cet ouvrage fut approuvé par tous les autres professeurs de médicine; & il fut pendant longtems le charme de tout le monde, qui étoit bien aise d'apprendre à peu de frais toutes les règles de la médecine, alors connues, à l'aide de ces beaux vers, faciles à graver dans la mémoire, tels que celui-ci: *post prandium sedeas, post cœnam mille passus eas.* On enseigne encore de nos jours la médecine dans cette université; mais pour ce qui est de faire des médecins, on en laisse le soin à Mrs. *Serao* & *Cotugno* de Naples, qui sont plus habiles que les esculapes de Salerne. En revanche l'Académie de Salerne forme d'habiles gouverneurs d'enfants, qui viennent enseigner le *Credo*

& les sept péchés mortels à la jeune noblesse de Naples, pour la gloire de Dieu & de St. Janvier; car leurs salaires sont bien minces.

Vous jugez bien, Monsieur, qu'étant dans le voisinage de *Poestum*, je n'ai pas manqué d'aller voir les murailles de pierres, taillées en pointes de diamans, l'amphiteâtre dont il subsiste encore dix rangs de siéges avec les voutes qui les soutiennent, les trois temples & la basilique d'une ville, qui étoit autrefois une des principales de la Lucanie. Trois de ces édifices sont après le Panthéon tout ce qui nous reste de mieux conservé de l'antiquité. Vous en trouvez les descriptions détaillées dans des ouvrages Anglois & François. Je vous avertis seulement que presque tous ces livres debutent par un conte romanesque, par lequel on prétend faire accroire au public, que les ruines de Poestum n'ont été découvertes que depuis quelques années, tandis qu'il est constant, que les étrangers les connoissoient déja avant deux cens ans: car Paul Merula dit au liv. 4 de la 2 partie de son *Italia specialis* dans le chapitre, où il parle de la Lucanie, que des gens qui ont séjourné long-temps dans cette contrée, lui ont raconté, que l'on voyoit encore dans cet endroit les restes de la muraille de la ville & d'autres bâtimens anciens.

Amalfi que je fus voir depuis, me surprit. Je n'aurois jamais cru qu'une ville si puissante pût tomber, en si peu de tems, dans un état si déplorable. Dans le moyen âge *Amalfi* étoit une république florissante qui faisoit des conquêtes jusques dans l'orient. Aujourd'hui elle n'est plus que le réduit des gens les plus pauvres de toute cette côte, sujets d'un baron du royaume, de la famille des princes *Piccolomini*. Son port étoit fréquenté de tous les négociants de l'Europe, de l'Asie, de l'Affrique; & aujourd'hui ce port & toute la côte ne sont qu'un desert. Les Amalfitains ont autrefois fondé plusieurs églises dans l'orient: ils ont même institué l'ordre de St. Jean de Jerusalem; & à présent ils n'ont eux-mêmes qu'une seule église paroissiale, & les moines qui professent la pauvreté pour l'amour de Dieu, & la fuient pour l'amour d'eux mêmes, ont déserté de tous les anciens couvents de cette ville, désorte qu'il ne leur en reste que deux.

De retour à Salerne, j'y ai trouvé le prince.... qui eut la bonté de me prendre en sa compagnie pour faire le voyage de la Calabre, où il possède de grandes terres. La Calabre est infestée par des bandits qui sont fort à craindre par leur nombre & par leur hardiesse. S'ils laissent passer tranquillement les Calabrois, parce qu'ils ne portent pas beaucoup d'argent sur eux, les étrangers qui sont toujours censés avoir la bourse bien garnie, pourroient leur donner des tentations plus séduisantes, s'ils avoient l'imprudence de faire ce voyage, sans être accompagnés par des gens armés. Il est ridicule de vouloir se moquer, comme le prétendent certains voyageurs, des bandits du royaume de Naples; puisque le gouvernement lui-même montre qu'il faut les craindre: car le *Procaccio* qui vient de Rome à Naples, est accompagné par des soldats, la plus grande partie de la route. Le prince avoit à Salerne plusieurs hommes armés, qu'il avoit mandés de ses terres pour venir à sa rencontre. C'est en partie par grandeur, en partie pour leur propre sureté, que les grands seigneurs voyagent de cette façon dans la Calabre. Autrefois ils se faisoient suivre par de nombreuses troupes; mais la cour leur a défendu ces compagnies trop respectables & trop dangereuses pour le repos de l'état, & pour la sureté des terres par où elles passent. Le Duc de *Monteleone*, qui est le plus riche seigneur du royaume, alla peu de tems avant nous, dans ses terres en Calabre, avec une troupe de gens armés qu'on auroit pris pour un beau bataillon de soldats: mais on m'a dit qu'il lui a fallu pour cela une permission de la cour.

Figurez-vous de beaux hommes, grands & bienfaits, tous en vestes courtes & bien serrées au corps, ayant chacun quatre pistolets attachés à la ceinture & un beau fusil sur l'épaule, qui viennent demander les ordres pour le départ du prince, fixé au lendemain. Les uns furent envoyés en avant pour aller à la découverte & donner partout les ordres pour fa réception: les autres, favoir les plus beaux & les plus braves, furent choifis pour nous accompagner.

Les mauvais chemins de cette contrée me donnèrent tout le loifir de faire des excurfions à droite & à gauche pour aller reconnoître le païs, & m'informer de fes productions & des reftes de l'antiquité: car le prince que ce voyage fatiguoit beaucoup, & qui avoit des connoiffances partout, s'arrêtoit volontiers pour fe reftaurer à fon aife. En me déterminant à ce voyage je m'étois flatté de faire de prodigieufes découvertes d'antiquités dans un païs anciennement rempli de villes célèbres & floriffantes, & qui depuis long-tems, avoit été négligé par des voyageurs curieux de ces fortes de chofes. Mais je ne tardai guères à m'appercevoir que je m'étois trompé: car mes tentatives échouerent dès le commencement. Je me tranfportai d'abord à *Caftell' à mare della Bruca* pour y chercher des veftiges de l'ancienne *Helea* ou *Velia*, colonie des Phocéens que l'école de Parménide & de Zénon le Pythagoricien,

& plus encore la sagesse de ses loix, & les bonnes mœurs de ses habitants avoient rendue célèbre chez les Anciens: mais je n'y ai pu rien découvrir. Les habitants sont trop ignorants pour fournir les moindres lumieres à un étranger. Des forêts impénétrables, ou des endroits habités par des gens à demi nuds, & désolés par les barons & le clergé, couvrent actuellement les ruines des villes qui anciennement rendoient cette côte florissante. La surface de la terre est partout si fort changée que les antiquaires, même les plus instruits de ce païs, n'ont pu, le plus souvent, que deviner par conjectures, l'emplacement des anciennes villes, de sorte qu'il y a sur cela autant d'opinions différentes, qu'il y a de différents écrivains: & ce qui plus est, les écrivains étrangers tels que Cluverius & Ortelius ne s'accordent pas avec les Calabrois, ni ceux de siécle passé avec les modernes: en voici un exemple. Quand je fus à *Policastro*, ville située à l'extrémité septentrionale de l'ancien païs des Bruttiens, qui sont les Calabrois modernes, je fus tenté de savoir si l'on y avoit découvert des vestiges & des monuments de l'ancienne *Temesa*: à cet effet je m'informai s'il y avoit là quelque antiquaire, & tout le monde m'indiqua le curé de . . . . . j'allai donc aussitôt chez lui, portant avec moi un volume de Strabon, de Pline & de Tite-Live pour me concilier l'estime de ce savant: il venoit de diner & il restoit encore un verre de vin sur la table, ce qui me fournit l'occasion d'entrer en matiere sans détour. Je lui demandai si c'étoit là du vin de *Temesa* dont Pline parloit avec éloge. Non, répondit le curé: nous n'usons guéres de vins étrangers, car les nôtres sont assez bons. Mais n'est-ce pas ici le lieu de l'ancienne *Temesa*? *Non, Monsieur, c'est Policastro: vous êtes bien bon de vous en laisser imposer à ce point. Je ne connois aucune ville de ce nom dans tout le royaume.* Cela est bon; mais je vous parle de son ancien nom du tems des Grecs & des Latins: car Leander prétend que *Temesa* étoit dans cet emplacement. Le curé fit un éclat de rire & s'écria: *ah, mon Dieu, quel conte! Que ces gens là déraisonnent: son nom la-*

iin est Polæcastrum & non Temesa: je possède les regîtres baptistères de deux siècles & ce lieu y est constamment appellé *Polæcastrum* & jamais *Temesa:* après cela croyez les auteurs sur leur paroles. Heureusement pour moi il se trouva là un cordelier de *Cosenza,* de ceux qui ont la ferme des aumones & qui courent les païs pour mettre les sots à contribution au nom de St. François. Ce moine se rangea de mon parti & dit au curé, qu'il y avoit dix ans que son couvent lui avoit affermé le droit exclusif de lever les aumones des fidèles dans le district de *Scalea* & les endroits voisins; que depuis ce tems il voyageoit continuellement d'un lieu à l'autre de ce canton; & que dans ses courses il lui étoit souvent arrivé d'entendre raisonner les savans d'entre les moines & les prêtres sur les anciennes dénominations des villes modernes; qu'il leur avoit entendu nommer plusieurs fois ce même Leander; qu'on l'avoit même cité au sujet de la situation de Temesa; mais qu'il se rappelloit aussi que d'autres savans s'appuyoient sur d'autres auteurs pour prou-

ver que cette ville n'étoit pas dans l'emplacement de *Policaſtro*, mais dans celui de *S. Marco*; & qu'encore d'autres prétendoient que l'ancienne *Temeſa* étoit à *Longo Bucco*, & encore d'autres à *Malvito*; & qu'il avoit en outre remarqué que les ſavans s'accordoient de la même façon à l'égard de toutes les autres villes de l'antiquité. Ce moine avoit raiſon ſans doute: car ayant depuis conſulté différents auteurs, tels que Cluver, Barrius, Pontanus, Laurentius Ananienſis & autres, j'ai vu que chacun d'eux plaçoit *Temeſa* dans un endroit différent. Le pere cordelier après avoir ainſi terraſſé & confondu le curé, continua, tout fier de ſa victoire, ſon diſcours en ces térmes que j'ai marqués dans mon journal. ,, Monſieur l'étranger, les gens de ce
,, païs-ci ſont de ceux dont la Ste. Bi-
,, ble dit: *pedes habent & non ambulant:*
,, *aures habent & non audiunt.* Ils ne vont
,, nulle part: ils ne voyent perſonne, ils
,, n'entendent rien: je ne ſuis point anti-
,, quaire; mais *Limneanus*: je connois
,, les productions du païs & vous allez le
,, voir: depuis la riviere *Laus* qui ſé-

„ parc la Lucanie d'avec la Calabre
„ jusqu'à *Turtura*, le terrein est riche
„ en paturage & en forêts, où l'on
„ fait quantité de manne de la meil-
„ leure espèce: anciennement on y cul-
„ tivoit *saccharum & oriza*; mais à
„ préſent cette culture a été rempla-
„ cée par les figuiers & les vignes,
„ qui donnent des vins des plus re-
„ ſtaurans, qui me font beaucoup de
„ bien dans mes courſes, & dont
„ les bons chrétiens me régalent, a-
„ près les vendanges, pluſieurs ton-
„ neaux. Il y avoit auſſi des mines
„ de fer & d'acier qu'on a laiſſé pé-
„ rir: au delà de *Policaſtro* le terrein
„ eſt egalement fertile en vin & en
„ coton, dont je fais tous les ans une
„ abondante récolte: car les habitans
„ ſont fort dévots de St. François: il y
„ a auſſi une forêt toute remplie de
„ chênes, & par conſéquent on y nour-
„ rit quantité de cochons, dont on fait
„ un grand commerce & les meilleurs
„ ſauciſſons de la terre: mais les gens
„ de ce canton ſont ſi avaricieux & ſi
„ peu dévots qu'ils n'en donnent que
„ pour de l'argent, hormis quelques

„ petites tranches plus propres à aigui-
„ ser l'appétit qu'à le satisfaire. En sui-
„ vant la côte vous rencontrez *Scalea*
„ où l'on cultivoit autrefois les can-
„ nes de sucre, à la place duquel on
„ y cultive aujourd'hui le coton : tout
„ ce canton est d'ailleurs fertile en hui-
„ le, en manne, en vin, en miel &
„ *Ceres & Pomona rident in abundan-*
„ *tia.* Sur les montagnes de la Cerel-
„ la, il y a un endroit appellé Grifo-
„ lin, remarquable par les mines d'or,
„ d'argent & de plomb qu'il y avoit
„ autrefois : & sur le mont *Pollino*
„ qu'un grand savant de notre ordre
„ croit être l'ancien mons apollinæus,
„ il y a encore actuellement un mine
„ d'or. C'est sur ce mont que j'exer-
„ ce principalement mes talents bo-
„ taniques, car il est fertile en toutes
„ sortes d'herbes médicinales que je
„ livre ensuite aux apotichaireries de
„ nos couvents. Près de la mer on
„ remarque, de ce côté, un lieu renom-
„ mé par des vestiges d'anciennes ther-
„ mes, où je n'entends rien. N'oubliez
„ pas, Monsieur, d'aller voir la belle
„ ville de *Paula* qui vaut bien plus

„ que tous les restes d'antiquité: car elle a donné naissance à St. François de Paule, fondateur de l'ordre des Minimes, nos rivaux, lequel leur a donné de grands exemples de chasteté qu'ils n'ont garde d'imiter. Après cela le révérend pere me demanda l'aumone au nom de St. François & s'en alla."

Après avoir quitté *Policastro* nous allames à la *Scalea*, & comme le continent est ici extrêmement resserré par les deux mers, j'ai fait de là une excursion dans l'Apennin, dans le dessein de pousser jusqu'à Sybaris, tandis que le prince poursuivit son voyage jusqu'a *Paula* où il devoit s'arrêter quelques jours pour ses affaires: il m'a fallu traverser les terribles montagnes de L'Apennin, qui rendent ce voyage extrêmement incommode, d'autant plus que les habitants de ces lieux montueux sont si farouches & si grossiers, qu'on n'en peut tirer le moindre parti. J'ai voulu passer par *Murano e Castro Villari*, parce qu'on m'avoit flatté que j'y trouverois des vestiges de l'ancien Syphæum: mais à mon arrivée je n'y ai trouvé que des décombres de nulle importance. Fruſtré de mes eſpérances & fatigué d'un voyage ſi incommode, je pris le parti de retourner à la côte occidentale en paſſant par *Saracina*, où des moines des environs me dirent qu'étoit l'ancien *Seſtium* ſans pouvoir m'en donner aucune preuve, & par *Altomonte* où je fus tout ſurpris de trouver un jeune homme que nous avons autrefois vu, vous & moi, presque tous les jours à Paris. Vous ſouvenez-vous de ce drôle qui ſe trouvoit tous les matins au palais royal & qui crioit aux paſſans: *voici l'Italien: c'eſt ici la véritable éponge d'Italie avec des cordes de violon dedans; voici l'Italien?* C'eſt ce même drôle. Il fut le premier à me reconnoître: & ſur le champ il me prit par la main & me mena chez ſon pere, qui eſt une eſpéce de gentilhomme de ce païs, & me régala de bon vin, d'excellent fromage & de fruits délicieux. Il me demanda ſi j'avois donc commis de ſi grands péchés à Paris, pour devoir venir les expier dans les montagnes & les auberges de la Calabre: je lui dis que c'étoit la curioſité qui m'y avoit amené & je le

priai de m'aider à la satisfaire. Ah vraiment, c'est bien la, s'écria mon Calabrois francisé, la source de nombre de grands péchés: je vais de ce pas vous mener chez un moine des plus doctes & des plus bavards, qui vous en fera bien porter la peine par son bavardage. Dans un instant nous fumes chez le moine: après les premiers compliments je lui demandai des notices sur l'antiquité & les autres choses curieuses d'*Altomonte*. Le pere entendit cette demande avec plaisir. ,, Mais, dit-il,
,, si vous êtes un voyageur solide, ti-
,, rez votre journal de la poche & mar-
,, quez ce que je vais vous apprendre:
,, car vous n'apprendrez pas de choses
,, triviales chez moi, comme chez la
,, plupart des antiquaires. Altomonte,
,, continua-il, s'appelloit ancienne-
,, ment *Balbia*. Ce beau nom qui sent
,, la belle antiquité, se changea dans
,, les tems barbares & impurs en *Bracil-*
,, *lum* que le vulgaire prononçoit *Bra-*
,, *gal*, comme on l'apprend par diffé-
,, rents documents qui nous restent
,, encore, & que j'ai lu de mes yeux aussi
,, bien que le savant Thomas Acceta

„ mon compatriote. Ce nom Barbare
„ ayant déplu au comte Philippe *San-*
„ *gineti*, baron de ce lieu, il préſenta,
„ en 1337, une requête au roi Robert
„ pour le prier de vouloir impoſer à
„ ce lieu le nom d'*Altifluvium*. Robert
„ agréa la demande du baron; mais
„ celui-ci s'en repentit peu de tems
„ après, & obtint de la reine Jeanne
„ qu'il fût déſormais appellé *Altimon-*
„ *tium*, nom qui lui reſta parcequ'il lui
„ convenoit mieux que tout autre,
„ étant placé, comme vous le voyez,
„ ſur une haute montagne. Cet en-
„ droit étoit célèbre chez les anciens
„ par la bonté de ſes vins: c'eſt le
„ *Vinum balbinum* de Pline dont Athe-
„ næus dit au L. 1. que *ſemper ſe ipſo*
„ *melius naſcitur*. Vous allez appren-
„ dre à préſent, Monſieur, une choſe
„ bien remarquable & qui eſt peu con-
„ nue des antiquaires: c'eſt de *Balbia*,
„ & parconſéquent d'Altomonte que la
„ Sicile, ce païs jadis ſi riche & ſi
„ cultivé, a reçu ſes premieres vignes.
„ Pollis Argivus ancien roi de Syracu-
„ ſe envoya en cet endroit prendre
„ les premiers ſeps: après quoi les Sy-

„ racufains & les autres Siciliens en
„ tirerent auſſi d'autres endroits de
„ l'Italie & même de la Grèce. Mais
„ le vin que produiſent à Syracuſe les
„ vignes transplantées d'*Altomonte* y a
„ toujours maintenu ſa couleur natu-
„ relle: car il eſt noir, au lieu que ce-
„ lui des autres vignes de Syracuſe eſt
„ rouge ou blanc: c'eſt pourquoi les
„ Syracuſains appellent encore cette
„ eſpèce de vin, vino *calabreſo*." Mon
journal va plus loin au ſujet des antiquités d'*Altomonte*; mais je vous en fais
grace. Cependant vous ne trouverez
pas mauvais, j'eſpère que j'inſère, de
tems en tems, dans mes lettres des
lambeaux des diſcours que l'on me tient
dans ce païs: car le diſcours décèle le
mieux le caractère des hommes. J'ou-
bliois de vous dire que ce même moine m'informa qu'à cinq milles d'*Altomonte* on voyóit les ruines de l'ancienne ville de *Pandoſia*, mais qu'on n'y
trouvoit rien de bon ni de curieux, ce
qui m'empêcha d'y aller.

En continuant mon chemin vers la
côte occidentale, il m'a fallu traverſer
d'autres horribles montagnes & paſſer

les nuits dans des cabanes de païsans encore plus horribles: cependant ces montagnes & les vallées préfentent les perspectives les plus riantes: figurez-vous les hauteurs toutes couvertes de forêts, de pâturages, de plantes médicinales & odoriférantes qui embaument l'air du plus délicieux parfum. De tems en tems mes braves qui s'efforçoient de me faire oublier mes fatigues, me mettoient fous les yeux différéntes efpèces de marbres, de talc, de beril. Au pied des montagnes & dans les plaines des vallons, les vignes, les champs, les oliviers, & d'autres arbres fruitiers vous charment la vue. Enfin je regagnai des yeux, au milieu de ces fatigues du corps & de ces plaifirs, la côte occidentale & j'arrivai a *Cetrara* qui eft une abbaye de mont cafin, fituée fur un rocher au bord de la mer. Barrio eft d'opinion que c'eft là l'endroit où étoit fituée l'ancienne *Lampetia* ou *Clampetia* dont Polibe, Tite-Live & Pline ont fait mention; mais il en eft de ce lieu comme de tous les autres de cette côte: perfonne ne fauroit dire, que par conjecture, ce qu'ils étoient

& comment ils se nommoient dans les anciens tems. *Paula* qui est à dix milles de *Cetrara*, est une des plus belles villes de la Calabre; aussi les moines s'y sont-ils établis en grand nombre; & la plus grande partie de la campagne leur appartient: ce qui ne pouvoit pas manquer d'arriver dans un païs où St. François de Paule a étonné & fasciné tout le monde par sa prodigieuse chasteté & par ses miracles.

De *Paula* nous allâmes à *Cosenza*, capitale de la Calabre citérieure. Cette ville est bâtie sur sept collines, & est baignée de deux rivieres qui la séparent de ses fauxbourgs, dont l'une est le *Cratbis* & l'autre le *Busento*. Elle est la patrie d'un grand nombre de gens de mérite & de savans, dont je ne vous ferai point ici l'énumération, parceque je ne me mêle pas d'histoire littéraire, comme notre ami de .... qui nous a tant de fois ennuyé par ses contes littéraires. Mais voici un conte qui est plus plaisant que littéraire. Un certain drôle, connu sous le nom de *Stocco da Cosenza*, homme de beaucoup de talens, grand littérateur & ennemi des papes & du clergé, s'avisa un jour de vouloir faire vénérer publiquement des os d'un âne pour des reliques d'un saint : il joua si bien son rôle qu'il vint à bout de faire canoniser ces os d'abord par l'archevêque de Cosenza & puis par le Pape même en plein consistoire. Les Cosentins ravis de cette découverte instituèrent une fête pour la vénération de ces reliques, & *Stocco* composa l'Hymne, que l'on y devoit chanter : les ecclésiastiques se reposèrent sur la piété de leur héros ; & les musiciens, qui n'entendoient pas le latin, reçurent cette hymne directement de la main de *Stocco* : ils la chantèrent à l'église & l'auditoire fut tout étonné de les entendre finir la pièce par ces mémorables paroles. *O beati asini, qui tot meruistis honores, quot vos nulei quondam meruere duces.* On envoya sur le champ les sbirres pour saisir *Stocco* : mais il s'étoit déja sauvé. On tâcha dans la suite d'effacer de la mémoire des hommes cette fête & son méchant auteur : mais il s'en est pourtant conservé des mémoires authentiques. Il en est arrivé de même d'un certain *Masuccio* surnommé Salernitano, parcequ'il étoit de Salerne, que l'on m'a dit avoir été contemporain de ce *Stocco:* cet homme avoit composé cent nouvelles, dans le gout de celles de *Boccaccio*; où il s'est repandu en satyres les plus mordantes contre le clergé & sur tout contre les moines, & où il s'est même permis des expressions des plus indécentes contre des mystères, particuliers à nous autres catholiques. Le clergé a supprimé dès lors l'edition de cet ouvrage, de sorte qu'il resta long temps inconnu aussi bien que son auteur, hormis quelques exemplaires, que les curieux gardoient dans leurs bibliothéques avec la plus grande circonspection. Du temps des dissensions de la république de Venise avec le pape Rezzonico, un libraire Vénitien crut pouvoir profiter des circonstances du temps pour réimprimer ce même livre, & il le publia sous le titre de *Cento Novelle di Masuccio Salernitano.* Mais le sénat trouva la plaisanterie trop forte: la nouvelle édition fut confisquée, & il n'en échappa qu'une centaine d'exemplaires, dont il en tomba un entre mes mains.

Ainsi Masuccio de Salerne retomba tout de nouveau dans l'oubli, & il n'est pas plus connu que Stocco de Cosenza. Les environs de Cosenza sont des plus beaux: une centaine de bourgs & de villages qui se joignent consécutivement les uns les autres, & qui entourent de tous cotés la ville, la font envisager de loin comme une ville d'une prodigieuse étendue. La campagne de ce canton est bien cultivée & fertile en bled, en toutes sortes de fruits, en huiles & en vin. On y a aussi planté une grande quantité de meuriers pour les vers à soye, qui sont avec l'huile la principale branche des revenus des habitans.

De Cosenza nous allames à *Monte-Leone*, ville qui donne le nom à une branche de la famille Pignatelli, qui passe ici pour être le plus riche seigneur de toute l'Italie. Entre cet endroit & *Bivona* on trouve encore par çi par là des décombres qui sont les restes de l'ancienne ville de *Hipponium*, colonie des Locriens, à la quelle les Romains changerent dans la suite son premier nom en celui de *Vibo Valentia*. Les prairies de cette ville étoient anciennement si rénommées pour la beauté & le parfum des fleurs, qui y naiffoient, qu'il y avoit une tradition que Proferpine fe transporta exprés de la Sicile à *Hipponium* pour y cueillir de ces fleurs: c'eſt pourquoi les habitans avoient bâti à cette déeſſe un temple magnifique dont Roger & Guiſcard firent transporter les colonnes de marbre dans l'égliſe épiſcopale de *Mileto*. Aujourd'hui les figues & le coton l'emportent ſur les fleurs. Il y a ſur tout à une certaine diſtance de *Bivona* & à huit milles de *Monte-Leone* un endroit appellé *Filocaſo*, où viennent des figues d'une excellente qualité.

Je ne vous ai point fait mention des endroits ſitués entre *Paula* & *Tropea*, parceque cette partie de la côte occidentale a été déſolée en 1638. par un furieux tremblement de terre, de ſorte que, quoique le terrein en ſoit naturellement très fertile, ce canton eſt néanmoins un des moins cultivés & des plus dépeuplés de la Calabre. Depuis ce tremblement les habitans de *Lametia* quittèrent leur ancienne demeure & allèrent ſe retirer dans les

apen-

Apennins à dix huit milles de la mer, où ils bâtirent *Lamato*, dont les figues font renommées. C'est la patrie de notre ami don Michel Torcia que nous avons vu à Londres & à Paris, & que j'ai revu avec un grand plaisir à Naples, où il vient de publier des ouvrages qui lui font beaucoup d'honneur, & qui sont remplis d'observations curieuses & intéressantes sur l'état présent de différens pays de l'Europe. Il y a plusieurs années que l'ordre de Malthe a entrepris de cultiver de nouveau ses terres à *S. Euphemia*, & cette entreprise a eu tout le succès imaginable: ainsi il est à espérer, que les propriétaires des terres dans le district d'*Amantbea* imiteront un jour un si bel & si utile exemple.

A *Mileto*, qui est une ville avec titre de principauté, commence une grande & délicieuse plaine riche en oliviers, qui s'étend, le long de la côte, jusqu'à à *Seminara:* cette plaine est toute parsemée de villages, qui, dans les temps anciens, étoient pour la plûpart, des villes célèbres, & très-peuplées, telles que *Metauria, Tauria-*

num, *Portus Orestis*, dont il ne reste pas seulement aujourd'hui de foibles vestiges, hormis ceux d'une ville, que quelques uns prétendent être *Tuurianum*, près du village de *Laureana*. Mais on ne le peut prouver que par des conjectures, qui sont d'ailleurs si légères, que d'autres soutiennent avec autant de probabilité que ce *Taurianum* étoit situé où est à présent *Seminara*. Depuis ce dernier endroit on marche long-temps sur un terrein de talc, de sorte qu'en frappant un peu fortement sur le sol, on le fait retentir. J'ai fait ce voyage ayant à la main les vues du front de l'Italie, que le savant père Minasi a dessinées, qui sont extrêmement curieuses & très intéressantes pour les amateurs de l'antiquité. Par une de ces vues, qui n'est pas encore gravée, il paroit, que la Sicile avant qu'elle eut été détachée de l'Italie, arrivoit jusqu'au dessus de *Molochio*, endroit situé au pied de l'Apennin. Entre *Palma* & *Scylla* on ne rencontre aucuns restes d'antiquité, à l'exception d'une ancienne muraille, que les uns attribuent à Anaxilaus tyran de *Rhego* & les autres à M. Crassus, qui, selon eux, l'a fait élever pour renfermer Spartacus chef des esclaves revoltés, qui s'étoit campé dans cet endroit. Auprès de Scylla il y a une haute montagne où l'on exploite de la marcassite: en général les montagnes près de Scylla & Reggio sont toutes riches en mines de toutes sortes de métaux: en 1734. On découvrit dans le district de la ville de *S. Agata* près de *Reggio* des mines d'argent, de plomb & d'étain: depuis peu de temps on en trouva d'autres sur les montagnes de Bova vers le cap de *Leucopetra*. Ces découvertes font beaucoup de peine aux barons, à qui appartiennent les districts où elles se font, parceque dès lors ils perdent tous leurs droits sur de pareilles montagnes, qui sont aussitôt réunies aux biens de la couronne.

De Scylla nous allames droit à Reggio. Mr. d'Orville a beaucoup parlé, dans son grand ouvrage sur la Sicile, des antiquités de cette ville. Mais l'abbé *Morisano* chanoine de cette cathédrale, qui passe pour très-versé dans les antiquités de sa patrie, a refuté, ou corrigé tout ce qu'il en dit. Pendant notre séjour dans cette ville, il m'est arrivé d'y être spectateur d'un singulier phénomène, qui m'a fait beaucoup de plaisir. Je m'étois levé de bon matin pour aller respirer l'agréable parfum de la campagne toute couverte d'arbres, de plantes & de fleurs. Tout d'un coup je vois courir de toutes parts vers la mer des troupes d'hommes & de femmes qui crient à la *Fata Morgana*. Je me mets à leurs trousses & arrivé au bord de la mer, je vois, comme dans un miroir, sur la surface de l'eau, qui étoit tranquille & unie, des maisons, des églises, des couvents, des hommes, des femmes, des cavaliers, des jardins, des maisons de plaisance, des champs cultivés, des bœufs qui labourent, des ânes chargés de fruits, & d'autres différentes figures: à mesure que le soleil s'approchoit de l'horison, ces figures sembloient se détacher de la mer & s'élever en l'air: enfin le soleil se montra & toutes ces figures, qui un moment auparavant ne faisoient déja plus qu'un chaos en l'air, disparurent tout-à-fait. Le pere Minasi a écrit une belle dissertation sur ce sujet pour faire voir aux Rhégiens que ce phénomène, qu'ils attribuent à la *Fée Morgana*, est purement naturel. Cependant tout naturel qu'il est, on le voit rarement, parcequ'il faut pour cet effet qu'il se réunisse plusieurs circonstances à la fois.

Reggio étoit anciennement une ville très considérable: dans le moyen âge elle étoit le siège des gouverneurs grecs de la Lucanie; mais aujourd'hui il ne reste aucun vestige de son ancienne splendeur. Le clergé s'est emparé des meilleures terres de son district; & les habitans sont tombés dans une misère qui forme un contraste bien frappant avec leur ancienne magnificence. La ville est petite; & il y a pourtant quatorze églises, six couvents de moines & un de religieuses. Ces couvents sont bâtis, ainsi que plusieurs autres églises & bien des maisons de particuliers, des décombres des anciens édifices: ce qui fait qu'on voit ici dans les murailles des couvents & des maisons quantité d'inscriptions, qui sont tout ce qui reste de l'antiquité. La situation de Reggio est des plus charmantes : elle est assise sur une colline dont le pied est arrosé par la mer du détroit de Sicile. Les environs sont des plus beaux que l'on puisse voir : ils sont couverts d'orangers, de citroniers, de muriers & de vignobles : sur les côtes on trouve un coquillage qui donne de la laine qu'on appelle *lana sucida*, dont on fait à Reggio des gants & des bas. La soye qui est réputée la meilleure de toute la Calabre, fait le principal revenu de cette ville ; mais le ministère de Naples entend si bien les finances & l'économie publique, qu'il a chargé d'impôts excessifs les terreins plantés de muriers, les feuilles de cet arbre & la soie même : ce qui fait que les habitans en négligent la culture au point, qu'aulieu de planter ou de semer de nouveaux arbres, ils ne se soucient pas même de remplacer ceux qui meurent. Il est vrai que le terrible inventeur des impots, qui font tant murmurer les Napolitains, le marquis de *Squillace*, fut éloigné des finances ; mais on s'est contenté d'éloigner l'inventeur, & on a gardé l'invention. Dans les campagnes des particuliers j'ai vu des cannes de sucre ; mais en si petite quantité, que les propriétaires m'ont paru vouloir plutôt faire l'épreuve de la bonté du climat & du sol, que se proposer aucun profit. On m'a dit, & il me semble même avoir lu dans un ancien Géographe de ce païs, qu'autrefois on cultivoit beaucoup ici cette production; mais les habiles financiers Napolitains ont eu soin d'arrêter sur cet article, ainsi que sur bien d'autres, l'industrie des habitants.

Tout cela me confirme encore plus dans mon sentiment, que ce n'est pas la chaleur du climat, ni la bonté naturelle du terrein, mais les mauvaises loix & les mauvais principes de politique & d'économie publique qui ont gâté ce païs, comme le reste de l'Italie. Lorsque cette contrée fourmilloit de villes considérables & nourrissoit un peuple immense, qui envoyoit encore, de son superflu, une quantité prodigieuse de denrées à Rome, la chaleur & la douceur du climat ne rendoient point les habitans paresseux, comme on prétend qu'elles les rendent aujourd'hui. Mais voici ce qui a changé le fol & les hommes. Les Goths, les Lombards, les Francs, les Allemands, les Sarrafins, les Normans, tous peuples ennemis de l'induftrie & du travail, qui venoient presque tous du Nord, qu'on regarde comme le fiége de l'induftrie, ont d'abord ravagé ces païs, détruit l'agriculture & diminué des deux tiers la population: enfuite la Religion catholique a enfanté des moines qui difoient aux Chrétiens: donnez nous vos terres pour racheter vos péchés: nous prierons pour vous, & foyez tranquilles: furtout ne penfez jamais au lendemain; fi vous avez de la confiance en nos prières, nous ferons enforte que Dieu chargera fes anges de ne vous laiffer manquer de rien: dès lors la pareffe fut établie, & les habitans s'habituerent peu-à-peu à marcher presque nuds & à vivre de légumes; & ceux qui ne trouvoient pas cette manière de vivre à leur goût, fe faifoient prêtres & moines, & travailloient à leur tour dans la vigne du feigneur pour augmenter les richeffes d'un côté, & la mifere avec la dépopulation de l'autre. Les mauvaifes loix des Nations du Nord, qui ont introduit le gouvernement féodal; & l'ignorance de ces mêmes Nations qui ont adopté les loix civiles du leger & imbécille Justinien, la source de la chicane la plus affreuse, ont achevé la ruine des habitants de ces païs, auxquels le clergé avoit encore laissé quelques ressources.

La côte occidentale de la Calabre abonde en toutes sortes de productions, en huile, en fruits, en vin, en bois. Les montagnes sont couvertes d'arbres très propres à la charpente, & principalement de pins, de sapins, de chênes, de frênes. Tout le bois dont le magnifique château de *Caserta* est bati, a été pris sur ces montagnes: les frênes, les pins & les sapins, qui s'y trouvent en quantité, donnent la meilleure manne: les fruits de cette côte, comme les figues, les raisins les amandes les marrons &c., sont meilleurs qu'à Naples. Il est plaisant d'entendre presque tous les étrangers qui viennent à Naples, exalter la délicatesse, le goût & le parfum des fruits qui croissent aux environs de cette ville: je ne sais où ils ont pu attraper ces bons fruits: car pour moi, je n'en ai jamais goûté de bons pendant tout le tems que j'y ai été : j'accufois mon palais de ne pas trouver le moindre goût où les voyageurs que j'avois lus, en avoient trouvé un fi délicieux; mais je ne fus pas long-tems à m'appercevoir que je me faifois une pure chicane à moi-même, parceque les mêmes efpèces de fruits que je trouvois fades à Naples, me parurent délicieufes à *Cofenza*, à *Catanzaro*, à *Reggio*, à *Lecce*, à *Bari*, à *Terracine*. Les Calabrois, les Apuliens, les Romains, qui avoient fait la même expérience que moi, m'ont affuré que j'avois raifon; & que les voyageurs qui font des livres, raifonnent des fruits de Naples d'après ce qu'ils croyent qu'ils devroient être dans ce beau climat, & non d'après leur propre fenfation. Les Napolitains font les plus grands mangeurs de fruits que je connoiffe: des centaines d'ânes & de barques en apportent, dans cette ville, tous les jours; & tous les foirs, cette immenfe provifion fe trouve confommée; mais il ne faut pas en conclure, que leurs fruits foient bons. Il faut se borner ici aux fruits, aux légumes, aux pâtes blanches, parceque la viande ne vaut rien, & que cette viande coriaſſe eſt plus indigeſte dans les païs chauds qu'ailleurs. Il n'y a que le veau de *Sorrento* qui ſoit excellent; mais on ne peut pas toujours manger du veau; & les trois quarts des Napolitains ne ſont pas en état d'en faire leur ordinaire, parcequ'il eſt trop cher. Dans la ſaiſon des melons, il n'y a pas juſqu'aux Lazzarons qui ne s'en régalent; mais ils ne laiſſent pas d'être très mauvais. Au mois d'Octobre & de Novembre on a les melons verds, qu'on appelle Turques: les voyageurs trouvent que c'eſt ce que la nature a produit de mieux en fait de melons; & moi qui ai goûté les excellents melons de la Lombardie & les bons melons cantaloups de la Hollande, je trouve qu'on ne peut comparer ces Turquesques qu'à cette mauvaiſe drogue que l'on mange à Paris, & que l'on y appelle auſſi melons, quoiqu'ils n'en aient que la figure. Les fruits & les raiſins & par conſéquent le vin du mont Véſuve, du

Paufilipe & de l'isle de Procita sont meilleurs que ceux qui viennent dans les autres environs de Naples: mais pour moi, je donnerois la préférence aux vins de *Piédimonte*, petite ville de la campagne heureuse, & aux fruits d'une grande partie de la Calabre: les pommes & les poires qui, dans les païs chauds, n'ont ordinairement point de goût, réussissent très bien dans plusieurs endroits de la Calabre, & surtout au pied des montagnes de l'Apennin & dans le voisinage des grandes forêts.

Les étrangers tirent de la Calabre des figues, des amandes, des olives, de l'huile, de la manne, du suc de réglisse, de la soye crue & du vin. Ces productions devroient enrichir les habitans; mais presque tout le terrein appartient aux vassaux de la couronne & au clergé: ainsi, le clergé & les barons sont riches, pendant que le peuple est très pauvre. Sans les Génois, les habitans de la côte occidentale de la Calabre périroient de faim, parceque cette côte n'a point de ports; ce qui empêche les François, les Anglois & les autres nations qui viennent dans la méditerranée avec de grands vaisseaux, d'y aborder ; mais les Génois ont leurs petites pinques avec lesquelles ils abordent où ils veulent, & ensuite ils grimpent sur les rochers, & vont faire le tour des villages, où ils achetent chez les païsans à bon marché, le peu d'olives, de vin, de figues & d'amandes qu'ils ont cueillis dans leurs petits champs, ou volé dans les grandes terres de leurs seigneurs : le petit bourg de *Lengueggia* envoye sur cette côte plus de vingt pinques par an, ce qui fait que les pauvres païsans de cette contrée, sont encore en état d'acheter des culottes.

Cette même côte produit aussi beaucoup de chataignes, de lin, de miel, de saffran, & de sel : elle abonde en cochons : les brebis & les moutons sont très beaux ; & on pourroient en tirer de la très belle laine ; mais on ne sait soigner ni la laine ni les bêtes. La laine, le lin, le miel, les marrons & le bled sont la monnoye la plus commune des villageois, dont ils se servent pour payer les messes, pour gagner les bonnes graces des officiers de leurs seineurs, & pour faire des procès. Tout le monde en Calabre a ces trois articles de dépense, même les plus pauvres. Il ne meurt pas un pere, une mere, une personne enfin qui ait le droit de tester, qui ne fasse dire des messes : il n'y a personne qui posséde une maison & un petit champ qui n'ait un procès, & qui ne souffre en outre quelque véxation de la part des ministres du seigneur du lieu : faute d'argent on paye tous ces frais avec les denrées que les étrangers ont laissées en arriere. Les païsans, qui ont besoin d'argent, ne vont jamais le chercher, qu'ils ne portent à celui dont ils espèrent de l'avoir, quelques livres de laine ou de lin, ou un boisseau de bled, ou quelqu'autre présent pareil ; quand ils vont demander à leurs créanciers quelque délai pour le payement des intérêts, ils s'y rendent encore avec de la laine, des chataignes, du miel, &c. Les gens d'esprit, témoins de ces miseres, se font Prêtres, ou Moines, ou Curiaux, & vont augmenter le nombre de ceux qui prennent, au préjudice de la foule des sots qui donnent. Voilà comment ce païs s'est abimé, & pourquoi l'on voit en Allemagne tant de prêtres Calabrois qui disent quatre messes par jour, & se contentent de manger les restes des valets des seigneurs Allemands.

Avant que les Génois eussent commencé à fréquenter les villages éloignés, le païs étoit encore moins peuplé & les habitans plus pauvres: ce qui a obligé plusieurs barons Calabrois à faire venir des Albanois dans leurs terres. Le plus grand nombre de ces Colons Grecs s'est établi dans le diocèse de *Cassano* & dans celui de *Bisignano*: à *Lungro* le nombre de ces Grecs est de deux mille ames: il y en a plus de six mille à *S. Basilio, Frascineto, Porcile, Cività* & *Plataci*, sans compter ceux de Firme, dont on n'a pu me dire le nombre. Tous ces endroits appartiennent au Diocèse de *Cassano*. Ceux du Diocèse de *Bisignano* ne sont pas moins nombreux. Presque tous ces Albánois ont renoncé à leur schisme, & embrassé la Religion Catholique Romaine; mais ceux de *Firme* & de quelques autres endroits moins considérables, ont confervé leurs anciens rites. Tous ces Colons parlent, outre l'Italien de Calabre, le Grec de leur païs natal.

Les montagnes de la Calabre citérieure font abondantes en marbre de toute efpèce: quelques unes ont auffi des mines d'or & d'argent. Les mines d'*Altomonte* & celles de *Corigliano* font les plus confidérables; mais les archevêques de *Cofenza*, de *S. Severino*, de *Reggio*, les autres évêques & les couvents, les familles *Pignatelli*, *Spinelli*, *Caraffa*, *Orfini*, *Ruvo*, *Caraccioli*, *Borghefe*, *Grimaldi*, *Ferrandina*, *Aquilar*, *Campitello*, *Sanfeverino*, *Saluzzo*, &c. ont bien d'autres mines dans ce païs: ce font les terres qui donnent les productions; & celles-ci attirent l'or & l'argent de toutes les mines du monde.

Après avoir fait quelque féjour à *Reggio*, le prince s'en alla à fes terres par la côte orientale. L'occafion de voir cette partie de la Calabre étoit trop bonne pour n'en pas profiter. Nous primes notre route vers Gierace. Le premier jour de ce voyage le prince eut fouvent occafion de rire à mes dépens: car, comme j'avois la tête remplie des antiquités de Locres, de Caulonia & d'autres villes situées sur cette côte & dans ce voisinage, je me faisois mettre à terre toutes les fois que je croyois voir quelques vieilles ruines, ou que j'appercevois quelque couvent, où je me flattois de déterrer quelque antiquaire, dont je pusse tirer des lumières propres à satisfaire ma curiosité. Mais après bien des recherches & des diligences, j'allois toujours rejoindre notre bâteau tout ésoufflé & tout confus: car ce que j'avois pris de loin pour des restes de villes, se trouvoit être de près des masures de quelques misérables maisons de païsans tombées en ruine; & les antiquaires que je trouvois dans les couvens, étoient des freres convers qui me donnoient des nouvelles des terreins, qu'ils faisoient valoir. Ainsi tout ce que j'en appris, fut, que toute cette côte est en proie aux barons & aux couvens: car, me disoient-ils, cette partie de la Calabre est plus fertile que la partie occidentale, tant à cause des vents du midi qui y regnent, qu'à cause de fréquens ruisseaux qui l'arrosent. C'est pourquoi les barons, après s'être ruinés à Naples, à Cosenza, à Catanzaro par le jeu & par les femmes, viennent s'établir ici, & foulent leurs vassaux de toutes les manieres, pour se remettre en état d'aller jouir de nouveau du luxe des capitales. Les ordres religieux en font autant pour l'amour de Dieu & de leurs saints patrons. ,, Mais il y ,, a une grande différence, me disoit ,, un de ces freres convers, entre couvent & couvent. Ceux d'entre les ,, différens couvens, qui ont des freres laïcs qui s'entendent d'agriculture, prosperent assez: mais ceux qui ,, n'ont que des chanteurs de choeur ,, & des prédicateurs, ne font pas ,, grande fortune, à moins qu'ils n'ayent des terres immenses & quantité de païsans qui travaillent pour ,, eux. Les chartreux l'emportent sur ,, tous les autres ordres religieux, parceque tous leurs couvents sont riches en bien fonds & qu'ils ont leur ,, *Barbetti* qui sont admirables pour la ,, culture des terres: c'est ainsi qu'on ,, appelle leurs freres convers. Les

„ chartreux de S. Stefano In bosco sont
„ aussi riches que les plus riches barons
„ de la Calabre. Mais ces richesses
„ excessives sont dangereuses dans les
„ temps présens, où l'impiété triom-
„ phe de la religion. Les abbayes de
„ *Bagnara* & de Milete ont été con-
„ fisquées par le gouvernement pour
„ avoir été trop riches: le tour en
„ viendra bientôt à d'autres". Sur la route de Gierace on rencontre un méchant petit endroit appellé *Motta di Burzano*. Là on voit les vestiges de la puissante ville de Locres; mais ces vestiges ne sont que des ruines de briques, quelques monceaux de pierres & des tombeaux, où l'on ne s'est pas même donné jusqu'à présent la peine de fouiller. Locres étoit au bord de la mer, au lieu que *Gierace* est sur la hauteur d'une colline. Cela prouve que la plaine de cette côte étoit déja déserte du tems des anciens Romains, puisqu'ils n'auroient point bâti leur *Hieracium*, qui est la *Gierace* moderne, sur une hauteur, s'ils avoient pu y envoyer une assez grande multitude de colons pour purifier l'air marécar

geux par des saignées, le défrichement des terres & une nombreuse population. Cette côte a commencé à être malsaine, dès que les Romains & les Carthaginois y ont détruit les anciennes villes, qui leur faisoient ombrage par leurs richesses & leur immense population: c'est ce qui a déterminé dans la suite les hommes à rebâtir des villes sur les rochers & les montagnes où l'air est naturellement plus pur. Toute cette côte n'est plus aujourd'hui qu'un désert en comparaison de ce qu'elle étoit autrefois, quand *Crotone, Sybaris, Locres, Rhege* contenoient toutes seules autant d'habitans qu'en contient aujourd'hui la moitié du royaume de Naples.

En allant de *Gierace vers Capo di Stilo*, lequel dans les temps les plus anciens étoit appellé *promontorium Carcinum*, nom qui depuis fut changé en celui de *Scyllacaeum*, on ne rencontre que de très mauvais villages situés pour la plûpart au milieu de marais, dont les habitans annoncent la misère & le mauvais air par leurs visages pâles & leurs corps exténués. A ces chétifs endroits succede au Cap di Stilo un couvent magnifique, tout entouré de campagnes riantes & fertiles, où une trentaine de chartreux, qui font labourer leurs terres par un petit nombre de misérables colons, jouissent en toute oisiveté d'un revenu qui pourroit rendre heureux cent familles de païsans. Après cela vient *Squillace*, l'ancien *Scylacium*, ville appartenante au marquis *Gregori Squillace*, personnage que les plaintes ameres des Napolitains & des Espagnols ont rendu fameux. Si, au lieu d'inventer de nouveaux impôts, ce seigneur avoit imaginé, pendant son ministère, les moyens de rétablir dans ces contrées l'agriculture de la même maniere qu'il a sçu la rétablir dans les terres de sa seigneurie, le roi de Naples auroit aujourd'hui cent fois plus de revenus qu'il n'a; au lieu que ces nouveaux impôts, loin de les avoir augmentés, les ont diminués de beaucoup: si les campagnes dans l'interieur de ce canton sont aussi bien cultivées, que celles que l'on voit au bord de la mer, ce marquisat est tout entier un jardin des plus beaux de l'Italie. Après avoir rangé la côte de *Squillace* je mis pied à terre pour aller à *Catanzaro*, qui est à quelques milles de la mer. Cette ville est la capitale de la Calabre ultérieure, ou méridionale, & le siége du tribunal de la chicane: les environs de cette ville sont rians: & il y a plusieurs autres petites villes, & bien des bourgs & des villages dans le voisinage. En continuant notre route nous arrivâmes à *Simori*, où quelques auteurs s'imaginent avoir été la fameuse Sybaris. Le nom de ce bourg, & un couvent de Sybarites, marque certaine de la bonté du terrein, pourroit le faire soupçonner. Mais ces auteurs se sont assurément trompés, car l'ancienne Sybaris étoit située bien au de là de *Croton* sur le golphe de Tarante. *Croton* la plus florissante & la plus puissante des républiques de cette contrée, est à présent détruite jusqu'aux fondements: il n'en reste que des ruines de maisons, de tombeaux & de temples, où l'on ne peut rien distinguer: le temple de *Juno Lacinia* est le seul qu'on puisse reconnoître par les restes considérables qui subsistent encore: il paroît qu'il devoit être d'une grandeur & d'une magnificence étonnante. Toutes ces ruines démontrent que l'ancienne *Crotone* étoit située à environ six mille de la nouvelle, dans un endroit d'où l'on avoit, de tous côtés, la plus belle vue du monde. Le Cap Colonne, emplacement de l'ancienne Crotone, n'est donc aujourd'hui que décombres & marais: ces derniers s'étendent le long de la mer, des deux côtés, ce qui fait que la nouvelle Crotone, qui porte bien indignement ce nom, est un très chétif endroit, où cinq mille pauvres habitans vous annoncent, par leurs visages pâles & défaits, la misère où ils sont & l'air marécageux qu'ils respirent. Vous savez que les Crotoniates ont détruit *Sybaris*, le siége du luxe & de la volupté. Ils l'ont fait si bien, que ce canton est aujourd'hui couvert de bois, de pâturages & de marais qui exhalent un air malsain: & que l'on ne sauroit pas déterminer au juste le lieu, où cette ville célèbre a existé. Après avoir bien examiné tout ce que les auteurs anciens & modernes ont écrit sur ce sujet, je croirois volontiers, que Sybaris étoit où est aujourd'hui *Terranuova*, bourg situé entre le Crathis & le Sybaris : & que *Buffalaria* est l'endroit, où les Athéniens & les autres Grecs fonderent la nouvelle ville de Thurium, depuis que Sybaris eut été détruite par les Crotoniates. Car les anciens auteurs rapportent que Thurium fut bâti par les Grecs près d'une fontaine appellée Thurie qui n'étoit pas loin de Sybaris, & que la nouvelle ville étoit plus près de la mer que l'ancienne. Or on voit encore aujourd'hui, tout près de *Buffalaria*, les restes d'un aqueduc, que les antiquaires pretendent avoir emmené à Thurium l'eau de la fontaine Thurie, laquelle est appellée par les naturels du païs *acqua favellina* eau qui parle, dénomination, dont je ne saurois vous dire la raison.

Toute la campagne des environs est extremement fertile : les vins, les oranges, les citrons, les amandes, les autres fruits y viennent en perfection : on y fait une grande quantité de suc de réglisse & de manne. Le seul article

ticle du suc de réglisse donne au duc de Corigliano, de la maison de Saluzzo, tous frais faits, un revenu de dix-sept à dix-huit mille livres par an. Les montagnes sont abondantes en bois qui fournit une quantité considérable de poix & de résine: elles ont de riches carrieres de marbre & d'albâtre, & des mines de différens métaux: mais toutes ces mines sont actuellement négligées. A mesure que l'on avance vers le golfe de Tarante, la plaine va toujours en s'étendant & augmentant en beauté & en fertilité. Il n'est pas surprenant que cette plaine si riche, située d'ailleurs entre des montagnes couvertes des meilleures especes de bois, & une mer extrémement poissonneuse, ait non seulement nourri, mais rendu très-puissantes deux républiques célebres dans l'antiquité, savoir celle de Tarente & celle de Metapontum. Je ne vous rappellerai pas tout ce que les anciens ont rapporté des immenses richesses, que l'agriculture a procurée aux Metapontins, ni les éloges qu'ils ont faits des fruits, du miel, de la laine, des legumes, du sel, des poissons & des huitres de Tarante: mais je vous avoue, qu'un voyageur a besoin de se rappeller tout cela, pour être en état d'apprécier au juste le merite de ce sol: car à en juger par l'état, où il est actuellement, on auroit de la peine à se figurer, que deux peuples florissants lui fussent autrefois redevables de leur puissance & de leur bonheur. Cette partie de la côte orientale est aujourd'hui extremement degarnie de villes & même de villages. Metapontum étoit situé entre *Trebisaccia* & la mer; & tout cet emplacement ne presente aujourd'hui qu'un méchant petit fort, lequel y a été élevé contre les Barbaresques, qui ne laissent pas pourtant d'y mettre pied à terre toutes les fois qu'il leur en vient la fantaisie. Ils font bien pis encore: car ils viennent souvent porter l'alarme jusque dans Tarante même, où ils enlevent ceux qui par malheur se trouvent alors dans les rues de la ville qui sont près de la mer, sans parler des gens, qu'ils emportent à la campagne, & des pecheurs qu'ils attrappent dans le port. Ce port étoit autrefois fameux: les anciens Tarentins y avoient plus de cent triremes à la fois: mais les rois de Naples ont été obligés de le faire combler pour en rendre aux Barbaresques l'entrée plus difficile. Enfin cette côte où, depuis *Sybaris* jusqu'à *Locres*, étoient situées quatre puissantes républiques & plusieurs autres villes très considérables; qui nourrissoit un peuple immense; & qui a vu plusieurs fois se former dans son sein des armées de trois cent mille combattans, est actuellement sujette à six ou sept barons de la couronne & à quelques couvents, excepté trois ou quatre villes qui ne relevent que du roi, & dont la principale, qui est *Catanzaro*, ne vaut pas la plus petite des villes anciennes. Cependant la mer n'a pas englouti le sol; le climat n'est pas changé; le terrein n'est pas devenu ingrat: il n'y manque donc que des hommes; mais pour en avoir, il faut d'autres principes de gouvernement, d'autres loix, d'autres mœurs, moins de superstition, moins d'ecclésiastiques, moins d'avocats, point de moines, point de barons avec le droit d'exercer la justice criminelle, & point de loix romaines.

De retour de Tarento à *Reggio*, je me transportai à *Fiumara di muro* pour passer de là à Messine; mais la marée étant alors contraire à cette navigation, quoique le vent fût très favorable, on me dit qu'il étoit très dangereux de faire alors le trajet. Ainsi en attendant la marée favorable, je fus à *Sciglio* ou *Scylla* qui est le cap si décrié chez les Anciens par les naufrages si fréquents des vaisseaux. Ceux qui viennent en Sicile par la méditerranée, sont obligés de passer entre ce cap & le cap opposé, appellé le Phare de Messine: ce passage est très dangereux dans le tems où la marée & le vent sont contraires: quand le vent est favorable & la marée contraire, on fait tirer les vaisseaux par des bœufs le long de la côte de Calabre; mais avec une bonne marée & un bon vent, on peut passer ce détroit, sans aucun risque, dans le plus petit bateau: ceux qui craignent ce passage, viennent en Sicile par la mer Adriatique, ou font le voyage par terre jusqu'à *Fiumara di muro* où le trajet est très aisé, dès que le courant est favorable.

Le prince de *Scylla* fait un grand commerce par mer où il gagne considérablement : mais les marchands d'huile, de viande salée & de saucissons clabaudent furieusement contre ce prince. Toutes ses terres sont très bien cultivées. Il a défriché beaucoup de terrein qui jusqu'alors avoit été couvert de bois & de broussailles. Son entreprise a eu le plus grand succès; & l'on voit que ce sol anciennement si fertile, le seroit également aujourd'hui, pour peu qu'on le fît valoir; mais les particuliers de *Scylla* sont trop pauvres pour entreprendre des défrichements. D'ailleurs à quoi serviroit-il à de petits particuliers de faire de pareilles dépenses, quand le gouvernement, par toutes sortes d'entraves, & les barons par leurs vexations ordinaires, les empêcheroient de jouir des fruits de leur industrie. Ainsi la plupart de ces terres qui étoient autrefois toutes cultivées, ne produisent aujourd'hui que des buissons & des plantes sauvages & une verdure qui accufe la negligeance des hommes. Je vous ai déja mandé que les vaffeaux de ce prince font en procès avec lui pour les vexations qu'ils prétendent éprouver de fa part.

On accufe affez communément les Calabrois d'avoir l'ame baffe, & l'efprit tourné à la fourberie. Je connois quantité de braves & honnêtes gens de cette contrée: mais le gros de la nation juftifie bien affez ce jugement. Ce mauvais caractere leur a été fans doute imprimé par les anciens Romains: ceux-ci les ont fi fort avilis, qu'il auroit été inutile pour eux d'avoir la moindre teinture d'aucune vertu: car un peuple, que le gouvernement tient, par principe, dans un aviliffement perpétuel, ne peut être bon que par ftupidité; & s'il a de l'efprit, il ne fera que vicieux; par ce que dans fon état méprifable le vice peut le mener à quelque chofe & la vertu à rien. Aulugelle rapporte la raifon, qui a déterminé les Romains à dégrader fi fort les Calabrois „ Annibal, général des Cartha-
„ ginois, ayant conduit, dit cet au-
„ teur, fon armée en Italie, & ayant

« battu, les Romains en quelques oc-
« casions, les Bruttiens (*les Calabrois
« modernes*) furent le premier peuple
« d'Italie qui embrassa le parti du
« vainqueur. Quelque temps après,
« nos légions ayant obligé les Cartha-
« ginois de repasser la mer, Rome se
« souvint de la défection de ses alliés :
« & pour la punir d'une maniére écla-
« tante, elle ordonna qu'aucun mem-
« bre de cette nation ne pourroit ser-
« vir dans les troupes de la Républi-
« que; qu'ils seroient rétranchés du
« tableau des alliés, & que, déclarés
« esclaves publics, ils seroient obligés
« de précéder les magistrats qui par-
« tent pour leurs gouvernements & de
« leur rendre les derniers devoirs de
« la servitude. . . . Les officiers Ro-
« mains les employoient dans l'exécu-
« tion des sentences portées dans leur
« département."

Ces anciens Romains avoient une horrible politique. Quand ils avoient affaire à un peuple doux & paisible, ils
l'opprimoient par les impôts, & le livroient au pillage de leurs gouverneurs, de leurs fermiers, de leurs banquiers, de leurs usuriers & enfin de

tous ceux d'entre leurs citoyens qui vouloient s'enrichir par les dépouilles de leurs sujets. C'est ainsi, par exemple, qu'ils traitèrent les nations molles, & voluptueuses de l'Asie. Quand ils avoient affaire à un peuple brave & belliqueux, ils s'attachoient à l'exterminer pendant la guerre, & à l'avilir pendant la paix: ils mettoient tout le pays à feu & à sang; les villes prises sur l'ennemi étoient d'abord livrées au pillage; puis elles étoient détruites, les plus puissantes, de fond en comble, les plus foibles, autant qu'il falloit pour qu'elles ne pussent jamais se rétablir: les habitans étoient en partie transportés hors du pays & en partie vendus à l'encan pour esclaves: tout ce qu'ils avoient possédé de précieux ou de curieux en or, en argent, en meubles, étoit emporté à Rome. C'est ainsi que les Romains traiterent les différens peuples des contrées qui forment aujourdhui les deux royaumes de Naples & de Sicile, depuis l'Abruzze jusqu'aux extrémités de la Sicile. Dans l'Abruzze ils avoient exterminé, déja avant la seconde guerre punique, plus d'un demi million d'habitans, de sorte que, selon l'expression de Florus, on ne trouvoit plus le *Samnium* dans le *Samnium*, & qu'il fallut faire venir des milliers de Liguriens pour répeupler ce pays. Après la seconde guerre punique les Capouans & le reste des Campaniens furent ou vendus, ou transportés au delà du Tybre: la principale noblesse & tous les sénateurs furent exécutés à mort: les biens des particuliers & ceux du public furent confisqués, de maniere que sans les colonies que l'on y envoya depuis de temps en temps, & sans le luxe des vainqueurs, qui y vinrent dans la suite rêbatir des villes, élever de superbes palais, & établir de somptueux lieux de débauche, la belle & délicieuse Campanie se fut convertie en un affreux désert. Durant la même guerre les Syracusains, les Agrigentains, les Tarentins, les autres Salentins furent traités de même: près de trente mille citoyens d'*Agrigentum*, qui à la prise de cette ville tomberent entre les mains des Romains, furent tous vendus à l'encan. Polybe, Tite-Live & Diodore de Sicile qui rapportent les détails de cette affreuse conduite des

Romains envers les nations que je viens de nommer, vous apprendront auſſi, comment ces fiers vainqueurs ſe ſont dans le même temps conduits envers les peuples de la moderne Calabre; & vous y verrez que les pauvres Bruttiens, pour avoir été les plus braves & les plus fourbes de tous ces peuples, furent auſſi les plus maltraités. Ainſi il n'eſt point du tout étonnant que tant de villes célebres, qui fleuriſſoient dans cette contrée, ſoient à préſent converties en chétifs villages & en forêts, où l'on n'en voit pas les moindres veſtiges.

LETTRE VINGT-TROISIEME.

Naples le 20. Novembre 1775.

Description ultérieure de la Calabre: ses productions: soye: manufactures: impositions sur la soye: vins: huiles: minéraux: cannes à sucre.

JE craignois de vous avoir trop entretenu dans ma longue lettre précédente, sur ce qui concernoit la Calabre; mais les questions que vous me faites sur ce même sujet dans celle que je viens de recevoir, me font pressentir que les détails que je vous en ai envoyés, ne suffiront pas encore pour contenter votre curiosité: ainsi il ne me reste plus qu'à vuider le sac & à vous transcrire ici entièrement mon journal, sans y faire d'autre changement, que de l'accommoder à l'ordre des questions que vous me faites.

Dans ma lettre précédente je vous ai assez parlé des principales productions de cette contrée. Je ne m'arrêterai donc à présent qu'à vous rapporter les autres observations que j'ai faites à ce sujet & que j'avois alors jugé à propos d'omettre. La plaine de la Calabre ultérieure est sur les deux bords opposés presque toute plantée d'olliviers, de façon qu'on la prendroit de loin pour un païs tout couvert de forêts. Autrefois ces mêmes bords n'étoient presque que des champs de bled; mais d'un côté les impots que le gouvernement espagnol a mis sur cette denrée, & de l'autre les fourberies des monopoleurs ont empêché les habitants de tirer de cette culture les avantages qui lui sont attachés dans les païs bien réglés: ainsi ils se sont insensiblement tournés à la culture des oliviers dont ils tirent plus de profit. Un tiers des olives leur sert de nourriture; ils les mangent sechées au four & au soleil: des deux autres tiers on fait de l'huile dont la plus grande partie se vend aux étrangers. Le bled que l'on recueille dans les lieux où l'on n'a pas encore planté d'oliviers, est tout exporté par les Génois & les Espagnols: ainsi les habitans se nourrissent communément d'olives, comme je viens de le dire & de plusieurs sortes de légumes, tels que les fèves, les harricots & les lupins. Les petits endroits du continent des deux Calabres n'ont gueres qu'une sorte de nourriture commune, savoir les chataignes & les marrons; aussi ces cantons sont ils tous couverts de chataigners; car les habitants des bords des deux mers s'étant si fort appliqués à la culture des oliviers, ceux du continent ne trouverolent pas leur compte à faire de grandes plantations de ces arbres. Les deux Calabres sont aussi abondantes en lin, dont il y a deux sortes, savoir le lin mâle & le lin fémelle: le premier réussit tellement qu'il ne cède en rien à celui d'Alexandrie: cette culture se multiplie toujours de plus en plus. Au contraire, le chanvre est rare dans cette contrée, au lieu que la Terre de Labour en produit abondamment. Les moutons y donnent aussi beaucoup de laine; mais comme on ne sait ni soigner ces animaux, ni féparer la bonne laine de la mauvaife, elle eft confommée, pour la plus grande partie, dans le païs même, où l'on en fait des draps, des couvertures & autres chofes pareilles pour l'ufage des païfans & du menu peuple. Ce font la, outre la foye, les vins, les différents fruits & les différentes efpèces de bois dont je vous ai fait mention dans ma précédente, les principales productions de ce païs; mais il y en a une infinité d'autres qui ne font ni fi abondantes, ni d'un fi grand ufage, ni fi avantageufes; telles font par ex. emple la manne & le fuc de régliffe, dont le commerce va toujours en diminuant, à caufe des impôts dont le gouvernement les a chargés, & des redevances dont les propriétaires accablent les colons. Entre les différents gramina de ce païs, j'ai vu en plufieurs endroits de la Calabre ultérieure ou meridionale, la *fulla Arabica* que les Sarrafins y ont apportée avec eux de l'Arabie, qui fait une admirable nourriture pour les chevaux, de forte que les plus beaux chevaux de la Calabre, qui paffent pour les meilleurs de ce royaume, sont nourris de ce *gramen*. Il croît à la hauteur d'un homme, & une fois semé il se reproduit de lui-même. Je vous marquerai ici en passant que les meilleures races de chevaux de la Calabre sont à présent celles des princes de *Monte-Leone*, de *Scylla*, de *Cinque-Frondi* ou *Carvizzano*, de *Crucoli* & de *Belmonte Pignatelli*. Dans le district de Crotone j'ai vu des poivriers sauvages, qui donnent du poivre assez bon pour assaisonner les mets, surtout lorsqu'on le mêle avec le poivre des Indes. Parmi les différentes sortes de raisins de ce païs, il y en a une qui est la plus délicate de toutes, laquelle est connue sous le nom de Malvoisie. On a tâché de l'introduire à Naples: les chartreux de cette ville en ont fait venir des seps qu'ils ont pris chez leurs confreres de *S. Stefano del Bosco* & les ont plantés dans leur jardin dans l'endroit le plus exposé au soleil; mais les raisins n'y sont jamais encore parvenus à maturité. Les lieux de la Calabre où viennent les meilleurs vins, sont *Reggio, Gieracci, Scylla, Palmi, S. Blase,*

Monteleone, *Troppea*, *Bagnara*, *Pisa*, *Corigliano* & *S. Mauro*. Les vins Grecs de *Geraci*, qui font blancs, secs & doux, l'emportent à mon goût sur ceux de Malaga. Les vins rouges de *Reggio* tiennent un peu de ceux de la Côte rotie; & les vins que l'on appelle de la Fosse, endroit des environs de *Reggio*, acquierent après avoir reposé trois ou quatre ans dans la cave, le goût du plus parfait bourgogne, de façon que les plus grands connoisseurs s'y trompent: les meilleurs vins des autres lieux que je viens de vous nommer, approchent tant, par la couleur que pour le goût, de ceux de Madère, de *Tintillas*, de *Xérèz*, de *Peralta*, de *Setuval*, de *Carcavello*.

La soye pourroit faire rentrer de grosses sommes d'argent dans le païs, si le gouvernement n'y mettoit pas trop d'entraves. Mais d'abord les impôts sur cette marchandise font excessifs; outre cela, les propriétaires sont obligés de la vendre au prix que le gouvernement y met tous les ans, & qui ne passe jamais, même dans les années les plus stériles, les dixhuit carlins qui font sept ou huit livres de France: enfin les soyes qui s'exportent hors du royaume, doivent être envoyées à Naples, où elles payent cinq carlins de droit, à moins qu'on n'obtienne une permission expresse pour en vendre & en charger une certaine quantité sur les lieux, ce qui ne s'accorde que très-difficilement. Malgré ces obstacles, les deux Calabres envoyent à Naples, pour les païs étrangers, environ un million de livres tous les ans, ce qui fait presque les deux tiers de la soye qui y vient, pour le même objet, des autres provinces Napolitaines, parmi lesquelles la Sicile n'est pas comprise : outre cela il en sort de la Calabre une grande quantité en contrebande, surtout pour Livourne, Londres & Messine. Enfin il en reste encore une grande quantité dans le païs, tant pour l'usage ordinaire que pour les manufactures. *Catanzaro* est la ville de toute la Calabre, qui a le plus de ces manufactures: il y a des fabriques de moires, de taffetas, de satins & de velours, qui sont recherchés chez l'étranger, tant à cause de leur bas prix que de leur durée. Les fabriques de *Reggio* ne font pas, à beaucoup près, ni fi confidérables, ni fi nombreufes que celles de *Catanzaro*.

Quant aux huiles, il y en a de commune & de celle que l'on appelle vierge: celles de la premiere forte font presque toutes destinées pour Marfeille, où il s'en fait une grande confommation dans les fabriques du favon. Celles de la feconde reftent presque toutes dans le païs, & font nommées vierges, parcequ'on les laiffe découler d'elles mêmes des olives entaffées, au lieu que l'huile commune eft tirée des olives preffées. *Don Demetrio Grimaldi* a établi à *Seminara* une fabrique très propre à perfectionner les huiles de Calabre, & à laquelle il a donné pour cette raifon, le nom de fabrique d'huile de Provence. Cet eftimable gentil-homme a auffi publié différents ouvrages pour éclairer fes concitoyens, tant fur la culture des terres, que fur la maniere d'améliorer leurs huiles; & nombre de barons & de gentils-hommes ont profité de fes lumieres & de fon exemple, tels que les princes de

Cariati & de la *Rocella*, les ducs de *S. Demetrio Pignatelli*, de *Fragnito*, de *Spezzano*. Les oliviers de la Calabre, ainsi que ceux de la Sicile sont incomparablement plus grands & plus gros, que ceux de la Provence: aussi me semble-t-il que je puis dire sans exagération, que les premiers donnent cinquante fois plus de fruit que les derniers. Le célèbre Antoine *Genovesi* appelle dans son livre sur l'économie publique, les plantations d'oliviers, *la miniere sopra terra*, des mines sur la surface de la terre, & il a raison, surtout à l'égard de celles de ce païs-ci: car elles donnent un revenu des plus considérables, & fournissent une très bonne nourriture pour les païsans & les artisans. En 1773, la récolte des olives valut à toute cette contrée huit millions de ducats de Naples, ce qui fait environ trente quatre millions de livres de France. Il est vrai que cette année-là la récolte en fut extrêmement abondante. Mais selon le cours ordinaire elle est, dans ce païs, assez considérable tous les deux ans, aulieu que les

Génois m'ont dit qu'ils se croient assez heureux quand ils font une abondante récolte tous les dix ans.

Il y a dans ce païs plusieurs espèces de bled : les plus communes sont le maïs, le sègle, l'orge & plusieurs sortes de froment : le *grano duro* est l'espèce de froment dont on fait la farine qui est appellée *semola*, dont se font les *macaroni* & autres pâtes pareilles. La Calabre ne produit pas plus de bled qu'il lui en faut pour la consommation intérieure, hormis le marquisat de Cotrone & une autre grande partie de la côte orientale, qui en peuvent donner à l'étranger. La semaille se fait en Octobre & dure jusqu'à Noël : la moisson de l'orge se fait au commencement de Mai & celle du froment en Juin. La moisson finie, on expose le bled en gerbes au soleil sur une aire où le vent domine de tous côtés, & lorsque ces gerbes sont bien seches, on fait passer par dessus un gros bloc applati, qui est traîné par des bœufs. Cette opération faite, on souleve les gerbes en l'air, de sorte que le bled retombe en terre, & la paille eſt emportée par le vent. De là on tranſporte le bled dans des foſſes ſouterraines de la profondeur de 50 pieds plus ou moins. Les parois ſont revêtus de couches de fougere & de *Sulla*, dont je vous ai parlé plus haut: on a ſoin de tenir ces foſſes bien couvertes & le bled ſe conſerve de cette façon auſſi long-tems que l'on veut dans la plus grande perfection: on a trouvé des foſſes oubliées depuis nombre d'années, ſans que le bled y ait aucunement ſouffert.

Je vous ai déja marqué que les montagnes de la Calabre contiennent des mines de toutes ſortes de métaux; mais il y a des inconvénients qui en empêchent la découverte & l'exploitation: l'un eſt que les barons s'oppoſent de toutes les façons à la découverte des mines, parceque les montagnes où l'on découvre des métaux, ſont immédiatement réunies aux biens de la couronne au préjudice des droits des vaſſaux: l'autre inconvénient vient de ce qu'on ne connoît pas encore dans ce royaume la maniere la moins couteuse d'exploiter les mines. Les minieres de fer de la Calabre sont plus abondantes que celles des autres minéraux : celles du Comté de *Stilo*, à quinze milles du cap de ce nom, donne environ quarante cinq *rotoli* de minérai, poids de trente trois onces, pour chaque *cantaro*, qui est de cent *rotoli*. Dans ce même Comté de Stilo, on a encore découvert, il n'y a pas longtems, des mines d'argent de la meilleure espèce ; mais le produit n'ayant pas répondu aux frais, on les a abandonnés : c'est pour cette même raison que l'on a cessé d'exploiter celles de *Longobucco* dans la province de *Cosenza*, qui contiennent du plomb, de l'argent & de l'or, & celles de *Corigliano* qui donnoient de l'or & de l'argent : à *Lavella* il y a une mine de *lapis lazuli* : à *Altomonte* une riche mine de sel, ainsi qu'à *Paduli* de *Rossano*, dont le prince de *Stromboli* & quelques autres particuliers ont entrepris l'exploitation, par une permission particuliere du roi. Le présent roi d'Efpagne, lorsqu'il étoit encore à Naples, a fait venir en 1745, de la Saxe, des mineurs, des fondeurs & des experts pour faire visiter toutes les montagnes de la Calabre: ils y ont découvert en beaucoup d'endroits toutes fortes de minéraux; mais après qu'ils en eurent fait les expériences, on trouva que les frais de l'exploitation égaleroient ou furmonteroient même le produit.

Notre ami don Michel *Torcia*, qui a l'inspection de la bibliotèque des Jéfuites de cette ville, vient de me faire voir un manufcrit très curieux & très intéressant d'un frere convers de cet ordre; qui, dans le fiécle précédent, avoit eu le foin de la campagne du collège de *Poticoro* dans la Lucanie. Ce manufcrit eft destiné à montrer aux Jéfuites les manieres de bien gouverner leur campagne : entre autres chofes très remarquables, il y eft fait mention d'une plantation de cannes à fucre que le collège y poffédoit: il leur apprend qu'elle rapportoit, une année portant l'autre, foixante pour cent.

On voit par là de quelle utilité de pareilles plantations pourroient être pour la Calabre, si le gouvernement, aulieu d'en arrêter la culture, s'avisoit de l'encourager.

La population de la Calabre va, depuis quelque tems, tous les ans en augmentant; & le nombre des prêtres & des religieux diminue en proportion C'est le fruit du changement qui s'est fait dans le gouvernement, & des lumieres qui se sont peu-à-peu repandues dans l'Italie. Tandis que ce royaume étoit sous la domination d'Espagne & sous la tyrannie des vice-rois, il ne faisoit que dépérir; mais à peine le roi don Carlos vint s'établir à Naples & commença à goûter les conseils d'un ministère Italien, que ce même royaume changea de face, & se rétablit successivement d'une maniere prodigieuse: on en voit la preuve la plus frappante dans les listes autenthiques des dénombrements que l'on a faits depuis 1765 jusqu'à l'année courante, & que le gouvernement a faites imprimer.

Année

Année	population
1765.	3953098
1766.	3974423
1767.	4017694
1768.	4029620
1769.	4075499
1770.	4093666
1771.	4146694
1772.	4199267
1773.	4249430
1775.	4449601

La population de la seule ville de Naples étoit dans

Année	population
1765.	337095
1775.	364848

Ainsi dans l'espace de dix ans la population s'est accrue, dans ce seul royaume, de près d'un demi million, au lieu que sous le gouvernement passé elle alloit diminuant de jour en jour. Le gouvernement passé fouloit ces peuples par une dureté inflexible, une bigotterie monacale, une fourberie de petits esprits, & par toutes les maximes abominables de politique que les ministres sans talens mettent en œuvre à la place des moyens salutaires & dignes des éloges & de la réconnoissance de tout le genre humain que les hommes de genie savent employer pour gouverner le peuple. Le gouvernement actuel de Naples ne peut pas s'empêcher de sentir, par les effets qu'il voit naitre sous ses yeux, l'importance de réformer tous les abus qui restent du gouvernement passé: & si cette réforme se fait, comme tout porte à le croire, il ne seroit pas surprenant, que nos neveux vissent un jour S. Pierre aller rendre hommage à S. Janvier: car enfin tous les états doivent, par une loi immuable, attachée aux choses de ce monde, subir des éternelles révolutions; & il n'est rien de plus naturel que de juger qu'une nation qui s'aggrandit, se soumette un jour un peuple voisin qui déperit.

LETTRE VINGT-QUATRIÈME.

L'auteur a écrit cette lettre & la suivante durant son séjour en Sicile, avant son retour à Naples.

PALERME le 6. Mai 1775.

Passage en Sicile. Carybde: parfum au détroit: fleurs & plantes aromatiques: aloès. Description de la Sicile par Diodore. Messine & ses environs. Taormina: maronniers d'une grandeur prodigieuse sur les laves du mont Etna. route de Catania toute formée par ces laves: fertilité des environs de Catania dans l'espace de dix-milles vers le mont Etna. Comparaison de Catania avec Messine: causes de la décadence de cette dernière ville. Qualités & productions de la côte depuis Catane jusqu'à Syracuse. Etat présent de Syracuse. Cannes de sucre à Avola. Côte occidentale. Prairies & campagnes de Ragusa, Modica, Vittoria,

Alicata, Palma. Ville de Girgenti: *parallèle de fon état actuel avec ce qu'elle étoit anciennement* Sciacca: Trapani: *Monréale*; *Palerme. Continent de l'Ifle; caufes qui le font fleurir. Etat de cette Ifle par rapport à l'agriculture, au commerce, à la population: comparaifon de la Sicile avec d'autres états de l'Europe; & différentes confidérations fur ce fujet. Nobleffe: clergé: avocats.*

Je ne crois pas qu'on puiffe traverfer plus doucement une rivière paifible, que j'ai fait le trajet de *Fiumara di Muro* à Meffine. Notre bateau a paffé par le milieu de Caribde, fans que j'aie pu m'appercevoir d'aucune chofe qui annonçât cet endroit fi décrié. Les bateliers me dirent que cela venoit de ce que la mer étoit tranquille: ces gens font perfuadés qu'il n'y a point de gouffre dans cet endroit, comme on le prétend communément; & que le tournoyement ordinaire des eaux y eft uniquement produit par des courants contraires, qui, dans cet endroit où le détroit eft encore refferré par une autre langue de terre qui s'avance de l'extrémité de la ville de Messine, s'entrechoquent avec plus de violence, qu'à l'entrée du canal, entre le cap de Scilla & celui du Phare: mais, comme ces courants sont réguliers, les mariniers qui les ont observés, savent prendre leur tems pour faire ce trajet, de sorte que quand le vent n'est pas au sud, ils passent & tournent Caribde avec les plus petits bâteaux. Ces mêmes bateliers m'ont assuré que l'eau de ce détroit est si gluante, qu'elle donne au sable la dureté d'un rocher. Quand j'ai quitté la Calabre, un parfum des plus suaves m'a accompagné jusqu'à une certaine distance de la côte; j'ai d'abord cru que cela venoit des fleurs des arbres, des plantes aromatiques & des herbes ordoriférantes dont la côte étoit couverte; mais je fus bien surpris, lorsque je recommençai à sentir le même parfum, à mesure que je m'approchai du havre de Messine, où il n'y a pas de côte verdoyante, mais un Lazaret, des forts & la citadelle: quelle qu'en soit la raison, ce delicieux parfum inspire d'abord à un étranger l'ide la plus favorable de ces païs: les Meſſinois mêmes ignorent la cauſe de ce parfum, quoique pluſieurs ſe ſoient données la peine de la rechercher.

Le parfum qu'on reſpire à l'entrée, ſe fait ſentir de nouveau en bien des endroits à ceux qui font le tour de cette Iſle dans la belle ſaiſon: il ne devient dans la ſuite que plus vif & plus varié: on diſtingue aſſez que l'odeur, que l'on ſent dans le détroit, approche de celle de la violette; mais le parfum qui s'exhale dans l'Iſle même, eſt un mélange d'odeurs que l'on ne peut plus diſtinguer. Cet effet eſt produit par mille eſpèces d'herbes, d'arbres, d'arbriſſeaux, de plantes dont toute l'Iſle eſt revêtue, & qui viennent ici dans la derniere perfection: les citroniers, les orangers, les cèdres, les figuiers communs, les figuiers d'Inde, les amandiers, les pommiers d'or, les pommiers de raquette, les oliviers, les vignes, les pattes d'alouette, les fleurs d'Adonis, les herbes à l'épervier, les doucettes, les lupins, le tréfle blanc, auxquels, dans la partie méridionale, ſe joignent le thim & la calamante qui y croiſſent naturellement, l'aloës dont on borde les chemins & dont on entoure les champs, enfin quantité d'autres herbes & de plantes que je ne connois point, envoyent tout-à-la fois leurs exhalaiſons en l'air pour l'embaumer de mille agréables odeurs: ce parfum eſt quelquefois ſi vif, que l'organe de l'odorat en eſt incommodé. Ce qui vous eſt arrivé en faiſant le tour du lac de *Garda*, ſur les confins du Trentin & du Vénitien, où l'odeur des citroniers vous a trop vivement affecté, vous arrivera de même en parcourant, au printemps, les environs de *Vittoria*, de *Raguſa*, de *Modica* & d'autres endroits de la côte méridionale, par la reſpiration d'un air imprégné de toutes ſortes d'odeurs les plus vives. Les chemins qui mènent à *Girgenti*, & à pluſieurs autres villes de la côte méridionale & de la côte occidentale, ſont bordés de gros aloës d'Amérique, dont les tiges ont quelquefois plus de trente pieds de haut, & ſont couvertes de fleurs qui ſe terminent en pointe régulière, & ſe renouvellent tous les cinq & au plus

M 4

tard tous les six ans, tandis que de savants botanistes assurent dans leurs ouvrages, qu'elles ne poussent que tous les cent ans.

Je ne voudrois pas que ce debut vous fît soupçonner que je vais vous faire une description Romanesque de cette Isle: vous m'en croirez plus aisément, si vous vous rappellerez ce que vous en avez lu dans Homere, dans Cicéron dans Strabon & dans Diodore de Sicile. Trouvez bon, qu'à cet effet je remette ici sous vos yeux un passage de Diodore qui se trouve au commencement du cinquiéme livre de son Histoire universelle. ,, Les Historiens, dit-
,, il, qui passent pour les plus fidèles,
,, disent que c'est dans la Sicile que
,, Cerès & Proserpine se firent voir
,, aux hommes pour la premiere fois;
,, & que cette Isle est le premier en-
,, droit du monde, où il ait cru du
,, bled. Le plus célebre des poëtes a
,, suivi cette tradition lorsqu'il dit,
,, en parlant de la Sicile,

Sans le travail du soc, sans le soin de semailles
La terre fait sortir de ses riches entrailles
Tous ses dons arrosés aussi-tôt par les Cieux.

,, En effet on voit encore dans le
,, Leontin & dans plufieurs autres lieux
,, de la Sicile, du froment fauvage qui
,, pouffe de lui-même. Il étoit natu-
,, rel d'attribuer à une terre fi excel-
,, lente l'origine des bleds: & l'on voit
,, d'ailleurs que les Déeffes qui nous en
,, ont montré l'ufage, y font dans une
,, vénération particuliere. C'eft là mê-
,, me qu'on a placé l'enlevement de
,, Proferpine; parceque ces Déeffes qui
,, aimoient uniquement ce féjour, y
,, avoient établi leur réfidence. Ce fut
,, dans les prairies d'Enna que Pluton
,, ravit Proferpine. Ces prairies qui
,, font auprès de la ville de ce nom
,, font dignes de curiofité, par les vio-
,, lettes & par les fleurs de toute efpe-
,, ce qui y croiffent, & qui répandent
,, une telle odeur dans l'air, qu'elle
,, fait perdre aux chiens de chaffe la
,, pifte des animaux qu'ils pourfuivent.
,, La fuperficie du terrain qui eft plane
,, dans le milieu & traverfée de plu-
,, fieurs ruiffeaux, s'éleve du côté des
,, bords qui font entourés de préci-
,, pices: on prétend que cette plaine
,, fait précifément le milieu de l'Ifle,

„ Non loin de là on voit des prés,
„ des jardins, des marais & l'on trou-
„ ve enfin une grande caverne, dans
„ laquelle il y a une ouverture fou-
„ terraine tournée du côté du nord.
„ Les violiers & les autres plantes,
„ dont cette campagne est couverte,
„ portent des fleurs pendant toute
„ l'année & la rendent aussi charman-
„ te à la vue qu'à l'odorat. Au reste
„ les habitans de la Sicile en mémoire
„ du séjour que Cérès & Proserpine
„ avoient fait chez eux, instituerent
„ des fêtes en leur honneur: l'appareil
„ en est éclatant & magnifique: mais
„ dans tout le reste le peuple assemblé
„ affecte de se conformer à la simpli-
„ cité du premier âge. Il est aussi d'u-
„ sage durant les dix jours, que dure
„ cette fête, de mêler dans les con-
„ versations quelques paroles libres &
„ deshonnetes; parceque ce fût avec
„ de pareils propos que l'on fit rire
„ Cerès, affligée de la perte de sa fille."
Prenez votre carte de la Sicile, &
faites, dans votre cabinet, le tour de
cette isle avec moi, pour considérer en
détail la beauté & la fertilité de cette

contrée: vous ne souffrirez pas tant que moi, qui ai été obligé d'en faire le tour, tantôt en bâteaux découverts & tantôt sur des mulets, par des chemins raboteux, pierreux, escarpés & dangereux; exposé à tout le feu du soleil & quelquefois à de grosses pluies, sans pouvoir souvent m'en garantir qu'en me mettant sous quelque arbre, faute d'auberge; & sans avoir d'autre nourriture, que du pain sec, des fruits & des raisins avec de la viande salée ou du poisson gâté. Mais ne gâtons pas la beauté du tableau par de si hideux contours: detournez en les yeux & portez-les sur Messine. Tous les environs de cette ville sont délicieux: des jardins, des vergers, des champs de bled, entrecoupés en droite ligne de hautes vignes, mariées avec des arbres encore plus hauts, ou de différentes rangées de muriers; des hauteurs couvertes d'oliviers & d'autres arbres entourent la ville & s'étendent jusqu'au-delà de *Taormina*. Suivez le chemin le long de la côte, & gardez-vous bien de ne pas trop vous écarter à la droite; car vous trouveriez du terrein en friche,

& ensuite une chaine de montagnes, habitées & égratignées par des gueux qui végétent sans travailler. Après avoir monté & descendu la montagne sur laquelle est située *Taormina*, prenez à droite & approchez vous des villages assis sur le terrein que l'on appelle la région cultivée du mont *Etna*: vous commencez à y voir de la lave de ce terrible volcan, qui est de la plus haute antiquité, & qui s'étend jusqu'à la mer; mais cette lave est couverte d'une terre extrêmement fertile qui produit d'excellents vins rouges, couleur rare dans les vins de cette Isle, du bled, de l'huile & des fruits en abondance. Ces productions ne sont pas la seule preuve de la fertilité de ces environs: il y en a de plus étonnantes à huit milles du bord de la mer: ce sont des maroniers d'une prodigieuse grandeur, entre lesquels il s'en élève un que l'on regarde comme le prince des forêts de l'*Etna*: il est appellé, *il castagno di cento cavalli*, le maronier de cent chevaux: on prétend que trente hommes à cheval peuvent tenir dans le creux de cet arbre; ce qu'il y a de sûr, c'est qu'il a deux cent quatre pieds de tour: il y a d'autres arbres de la même espece qui ont soixante dix-sept pieds de circonférence: sept autres qui sont tous d'une même grandeur, sont appellés les sept frères: c'est ainsi que la lave qui n'est d'abord qu'une matiere noire & brulée, devient avec le tems un sol des plus fertiles de la terre, par la poussière que le vent y apporte insensiblement, & par les pluies abondantes de cendres imprégnées de nitre, que le volcan y repand, & qui pénétrent insensiblement les pores de la lave.

De ce côté, on ne peut pas monter sur le mont *Etna*; ainsi il faut revenir sur ses pas, & se remettre sur le chemin qui conduit à *Catania*. Dès lors vous marchez sur les cendres & le sable brûlé d'une côte noire & escarpée, toute formée de différentes éruptions de cette montagne enflammée. La lave qui a créé cette côte, est sortie de fournaises qui ont trente à quarante milles de profondeur: en beaucoup d'endroits elle a chassé en arriere les eaux de la mer, l'espace de plus d'un mille, & formé dans son lit même, des promontoires larges & d'une profondeur enorme. Il y a des laves dont le rapport unanime des historiens & les inscriptions que l'on y a trouvées, nous assûrent qu'elles ont été vomies par cette montagne, les unes il y a deux mille ans, & les autres plûtôt, & qui cependant ne sont pas encore couvertes d'assez de terreau pour pouvoir être labourées; tandis que, dans d'autres endroits, les rochers qui sont visiblement de la lave, sont couverts d'un sol fertile qui a cinq à six pieds de profondeur, ce qui prouve manifestement qu'ils sont sortis de l'*Etna*, plusieurs milliers d'années avant ces rochers qui n'ont que deux mille ans. Toutes les villes de cette côte sont visiblement fondées sur des rochers immenses de lave, entassés les uns sur les autres. Ce n'est pas tout: à force de fouiller, on a découvert dans quelques endroits plusieurs couches de lave, dont chacune avoit déja été anciennement labourée, & ensuite couverte d'une nouvelle lave, qui a été labourée de même, & recouverte à son tour par une nouvelle éruption du volcan. Enfin toute cette côte n'est certainement que de la lave; & à l'exception des couches & des rochers formés dans des siécles connus par l'histoire, elle est toute labourée & extrêmement fertile depuis les bords de la mer, jusqu'à quinze & vingt milles vers la montagne. En voyageant le long de la côte, vous voyez à droite des prairies, des champs couverts du plus beau bled, des vignes qui donnent un vin délicieux, des arbres fruitiers, des oliviers, des muriers, des citroniers, des vergers, des potagers, où tout vient en abondance & en perfection. En montant de *Catania* vers le mont *Etna*, vous passez, durant l'espace de dix milles, au milieu d'un terrein riche en toutes sortes de productions, & des paturages si abondants, que les païsans sont souvent obligés de saigner leurs bœufs & leurs vaches, pour les empêcher d'étouffer: après cela vient un terrein couvert des plus beaux muriers & ensuite la région de bois où, dans de vastes & épaisses forêts, s'élèvent des chênes solides, qui ont souvent plus de quarante pieds de circonférence. *Catania* est après Palerme la meilleure ville de Sicile; car Messine est si déchue, qu'elle peut à peine mériter la troisième place. Catane a été plusieurs fois presque entiérement détruite, tantôt par le volcan de l'*Etna*, au pied duquel elle st située, tantôt par les tremblements de terre. Cependant on l'a toujours rebâtie; & si Ste. Agathe qui est la sainte patrone de cette ville, la préserve à l'avenir de pareils desastres, elle égalera dans peu & surpassera même en beauté la ville de Messine: car Messine se dépeuple tous les jours; & ses habitants, au lieu de bâtir de nouvelles maisons, laissent tomber celles qu'ils possédent; Catane au contraire augmente sensiblement en population; & les habitans bâtissent, comme si les malheurs passés ne devoient jamais plus revenir. Cette décadence de Messine vient des impôts dont le gouvernement l'a chargée depuis sa derniere rebellion: ce qui fournit une preuve frappante de la supériorité qu'ont les gouvernements sur tous les volcans, sur tous les tremblements de terre, & sur toutes les pestes les plus terribles pour détruire les villes par le seul moyen des impôts. Messine qui a été ravagée par la petite vérole, avoit encore quatre vingt dix mille ames, avant qu'elle se fut avisée de prendre le parti de la France contre les Espagnols, qui alors en étoient les maîtres. Bientôt après cette rebellion ces impôts la reduisirent à soixante mille ames: la durée de ces impôts lui a encore oté dans la suite quarante mille habitans; de sorte qu'elle n'en a à présent qu'environ vingt mille. Catane ensevelie plusieurs fois sous les masses énormes de rochers vomis par le mont *Etna*, & engloutie à la fin du dernier siécle par un tremblement de terre, s'est toujours rélevée; & elle va éclipser la célébrité, la beauté & la fortune de Messine. Les malheurs passés n'effrayent pas les habitants de Catane; parce qu'ils sont dans l'opinion que Ste. Agathe les a pris sous sa protection, & qu'elle s'est chargée d'éloigner pour jamais de leurs murs & de leurs campagnes les rochers enflammés de l'*Etna*, & d'arrêter les convulsions intérieures de la terre, tandis que les Meſſinois ont appris par l'expérience qu'il n'y a point de Sts. Patrons aſſez puiſſants contre les impôts. Mais pourſuivons notre chemin.

Quittons Catane & allons vers Syracuſe. Ici la côte eſt baſſe & ſes productions ſont moins variées que celles de la côte qui eſt plus près du mont *Etna*: elle eſt auſſi moins garnie d'arbres: les champs de *Leontini* ſi célèbres dans l'ancien tems par leur incroyable fertilité, ne ſont pas aujourd'hui plus abondahts que ceux du reſte de la Sicile. Près d'*Agoſta*, qui eſt une petite ville agréablement ſituée ſur une Ilôte, il y a des maitéries où l'on cultive des cannes de ſucre, qui ne donnent que de très petits profits aux propriétaires, parce qu'ils vendent les cannes mêmes à ceux d'*Avola* qui ont les ſucreries. Depuis *Agoſta* juſqu'à Syracuſe on ne voit que des oliviers d'une prodigieuſe grandeur, & des vignes d'une extrême petiteſſe: les premiers donnent d'excellente huile, & les dernieres produiſent ces bons vins que tout le monde connoit, & dont on fait douze différentes ſortes. La culture des vignes & des oliviers fait que les Syracusains négligent celle du bled, parce qu'ils trouvent les autres plus lucratives, & qu'il leur est aisé de tirer le bled, dont ils ont besoin, de *Catania* & de *Noto* où cette denrée abonde.

Ne vous arrêtez pas à la ville même de Syracuse: l'aspect de son état actuel vous effrayeroit après ce que vous en avez lu dans les anciens historiens. Cette ville qui avoit anciennement vingt-quatre milles de circonférence, n'en a aujourd'hui que deux: l'espace occupé par les autres vingt deux milles est converti en vergers, en vignobles & en champs de tabac: autrefois elle contenoit, dans l'enceinte de ses murailles, des flottes & des armées: aujourd'hui elle n'a que des bâteaux de pêcheurs, dont les expéditions se bornent tantôt à pêcher tout près de la côte, tantôt à aller chercher du bled à Catane & à *Noto*: dans le tems de sa gloire elle a resisté aux flottes les plus nombreuses des Carthaginois & des Athéniens, & à des armées de deux cent mille hommes: aujourd'hui ses habitans qui ne montent pas à plus qu'à 14000 ames, n'osent pas seulement se promener loin de leur ville de peur de tomber entre les mains des Corsaires. On voit encore des restes de cette ville prodigieuse, mais ils ne sont pas si brillans que ceux d'Agrigente : ce qui fait voir que les Romains qui ont détruit Syracuse, étoient des brigands plus terribles que n'étoient les Carthaginois qui ont rasé Agrigente. La fameuse Latomie, ouvrage magnifique & immense des anciens tyrans de Siracuse, forme à présent un jardin souterrain d'une prodigieuse étendue, à environ cent pieds au dessous du niveau de la terre : il est tout couvert d'oliviers, d'orangers, de citroniers, de figuiers, de pommiers de grenade & autres arbres fruitiers, qui, pour être, dans cette profondeur, à l'abri de tous les vents portent des fruits d'une singulliere grosseur qui ne se gâtent jamais. L'Oreille de Denys est une caverne d'une immense grandeur, creusée dans le roc, de façon qu'elle vient à avoir parfaitement la forme d'une oreille humaine. La chambre, où se tenoit le tyran Denys pour entendre en secret les discours des personnes qu'il faisoit emprisonner dans cette caverne, par le moyen d'un petit trou qui y communiquoit, est devenue depuis peu inaccessible: outre cela il y a encore les restes d'un théatre, d'un amphithéatre, & de quantité de sepulchres. La celebre fontaine d'Aréthuse se remarque encore sans peine à l'aide des descriptions que les anciens nous en ont laissées. Elle est à l'extremité de Syracuse & sort de terre, à sa source, aussi grande qu'une riviere, & va se jetter aussi tôt dans la mer prochaine. Strabon rapporte, qu'il y avoit une ancienne tradition, que cette source étoit le fleuve Alphée, lequel, prenant son origine dans le Péloponnese, entre sous terre près d'Olympie, & continuant son cours l'espace de cinq à six cents mille dessous la mer, ressort en cet endroit, d'où il va enfin tomber dans la mer, par dessous la quelle il a passé. Mais il ajoute que cela est une pure fable. La prise de Syracuse par Marcellus, du temps de la seconde guerre Punique, a occasionné la premiere révolution dans les mœurs des Romains, comme le font voir Polybe,

Tite-Live & Plutarque : car ce général ayant dépouillé cette ville de tout ce qu'elle possedoit de precieux en tableaux & en statues, qui dans leur variété renfermoient tout le bon gout & toute la grace des Grecs, & ayant emmené à Rome toutes ces curiosités superflues, il transforma les Romains, qui jusques-là n'avoient rien vu de pareil, de guerriers effroyables, qu'ils avoient été alors jusques en un peuple oisif babillard & amateur du luxe, qui prit dès lors plaisir à passer la plus grande partie de la journée à s'entretenir des arts & des ouvriers, au lieu de s'occuper à labourer les champs & à s'exercer au metier de la guerre, comme il avoit fait auparavant.

De Syracuse il faut passer à *Avola* pour y voir les plantations de cannes à sucre & les sucreries : il est beau de voir cette production étrangère réussir dans un païs de l'Europe; mais le sucre de ce canton n'arrive pas à la maturité de celui de l'Amérique. Malgré cela le sucre de ce païs est à proportion plus cher, que le sucre étranger : ce qui fait que les Siciliens mêmes préfèrent celui de l'Amérique, malgré les droits dont le gouvernement l'a chargé pour en diminuer l'importation, & pour favoriser le débit du sucre du païs.

Ici nous interromperons notre voyage autour de la côte, parceque je n'ai pas vu le reste de cette partie. Je me suis laissé persuader à passer par le milieu des terres de cette côte, à celle qui est au couchant : j'ai beaucoup souffert, à la vérité, par la difficulté des chemins, la disette des vivres, & par le manque de toutes commodités & de cabarets quelconques; mais les beaux champs, les collines odoriférantes & les prairies enchanteresses de *Noto*, de *Ragusa*, de *Modica* & de *Vittoria* m'ont fait oublier toutes mes peines & m'en ont largement récompensé. De *Vittoria* je me rendis a *Alicata* où étoit anciennement la fameuse ville de *Gela*, de la à *Palma*, & puis à *Girgenti*. Toute cette côte est d'une grande beauté, extrêmement fertile en bled & en fruits de toutes espèces. Le froment d'*Alicata* passe pour le plus blanc de toute l'Isle. *Palma* est très fréquentée par les Anglois & les François qui y viennent charger des amandes, que l'on cultive ici par préférence aux autres fruits, & du souffre dont il y a en cet endroit une mine abondante, & qui surpasse en bonté celui de la *Solfatara* de Pouzzole.

La ville de *Girgenti*, très laide au dedans, enchante par ses dehors: située sur le penchant d'une montagne elle est environnée de tous côtés de champs de bled, qui est déjà en fleur au commencement d'Avril, de vignes, d'arbres fruitiers qui donnent toutes sortes de fruits d'un goût exquis, d'oliviers, de citroniers, d'orangers. Les plus beaux Aloës qu'on puisse voir, hauts de 20 à 30 pieds, couverts de fleurs depuis le bas jusqu'au sommet, bordent, des deux côtés, les chemins qui conduisent à la ville, & les avenues des maisons de campagne; & entourent toutes les terres des particuliers. Si vous voulez vous former une idée de l'ancien état de toute cette côte, vous n'avez qu'à considérer, que l'ancien *Agrigentum* contenoit deux cent mille habitants, aulieu qu'aujourd'hui elle n'en a que vingt mille; qu'elle avoit dans son fon voifinage d'autres villes très grandes très peuplées ; ces villes étoient d'un côté *Gela* & de l'autre *Selinus* qui étoient elles mêmes l'une & l'autre des villes puiffantes; enfin que cette prodigieufe multitude d'hommes de ce canton fe nourriffoit voluptueufement des productions de fon propre fol & en fourniffoit encore abondamment à l'étranger. Voilà ce qui rend croyable ce qu'Homère & Diodore de Sicile rapportent de l'étonnante fertilité de cette contrée. Le dernier ajoute Liv. 13 ch. 24. que l'abondance de toutes chofes avoit jetté les Agrigentins dans un tel excès de molleffe, que dans le tems que leur ville fut affiégée par les Carthaginois, l'an 406 avant notre ere, il fallut faire une ordonnance par laquelle il étoit défendu à tout citoyen, montant la garde à fon tour dans la citadelle, d'avoir plus d'un matelas, d'une couverture, d'un chevet & de deux couffins. Ainfi on peut conclure de l'auftérité qu'ils trouvoient à être renfermés dans ces bornes, quel étoit leur genre de vie en tems de paix. Les Carthaginois s'emparerent dans cette guerre de la ville, & la raferent; le même hiftorien raconte que les vainqueurs y recueillirent des richeffes immenfes & un nombre prodigieux d'excellents tableaux & de ftatues de toute hauteur, qui étoient des chefs d'œuvres de l'art. Dans ce tems Agrigente contenoit deux cent mille habitans, dont vingt mille étoient d'habitans naturels & tout le refte des étrangers qui étoient venus y fixer leur demeure, attirés par la fertilité, le commerce & le luxe du païs: au rapport du même hiftorien, la ville d'Agrigente & fon territoire étoit alors une des plus heureufes habitations qu'il y eut au monde: les vignes y étoient d'une beauté & d'une hauteur extraordinaire: mais la plus grande partie du pays étoit couverte d'oliviers, qui donnoient une quantité prodigieufe d'olives qu'on portoit vendre à Carthage. C'eft-là, ce qui avoit donné lieu à ces monumens fuperbes, dont Diodore donne une legere defcription, & dont on voit encore aujourd'hui les ruines à un mille de la ville moderne. La conftruction des temples des Agrigentins & particulierement de celui de Jupiter Olympien fait fentir qelle étoit la magnificence des hommes de ce temps-là. Ce temple avoit trois cent quarante pieds de long, foixante pieds de large & cent vingt pieds de haut: il étoit le plus grand de tous les temples de la Sicile. Les colonnes du dehors ont vingt pieds de tour, & comme elles font cannelées, un homme pourroit fe placer dans une de ces cannelures: les pilaftres du dedans ont douze pieds de largeur. Ce temple a fubfifté jufqu'en 1100. Mais depuis cette époque il a commencé à tomber fi fort en ruine, que bientôt il ne fera plus réconnoiffable. Les Siciliens l'appellent le temple des géants, & ils croyent que cette dénomination lui a été donnée par leurs ancêtres à caufe des groffes maffes des rochers, dont ils avoient peine à fe figurer que des hommes ordinaires les euffent pu y placer. Mais il eft beaucoup plus probable que ce nom lui eft venu d'une fculpture qui fe trouvoit fur la face orientale, où étoit repréfenté un combat de géants, que Diodore dit avoir été admirable par la grandeur & par l'élegance des figures.

Les auteurs Siciliens pretendent que ce temple étoit le plus grand du monde payen & tout auſſi grand que S. Pierre de Rome: mais ils ſe trompent à l'un & l'autre égard, & ſur tout par rapport à S. Pierre de Rome, qui eſt de beaucoup plus grand que le temple de Jupiter Olympien, comme on le peut voir en confrontant les dimenſions du temple payen, données par Diodore, avec celles du temple moderne de Rome: & il n'eſt pas étonnant, que le dernier, à la fabrique duquel toute la catholicité a contribué des ſommes immenſes pendant pluſieurs ſiécles de ſuite, l'emporte ſur le premier, qui n'a été bati que par un ſeul peuple, qui d'ailleurs ne s'eſt pas borné à cette ſeule magnificence, mais a conſtruit en outre pluſieurs autres temples & édifices publics des plus ſuperbes. Car les Agrigentins avoient pouſſé ſi loin leur gout pour le luxe, qu'ils étoient dans l'habitude de dreſſer des tombeaux aux chevaux qui avoient gagné le prix de la courſe & même aux oiſeaux élevés dans les maiſons des particuliers. On y voit encore les ruines de pluſieurs autres temples, parmi lesquelles les plus remarquables sont les restes du temple de Venus, dont il subsiste encore presque la moitié, de celui d'Hercule & de celui de la Concorde, qui sont beaucoup plus brillans que les restes des monumens de ce genre, que l'on voit à Syracuse. Cette ville étoit surtout célèbre par une grande quantité de tableaux & de statues de la plus grande beauté, qu'elle possédoit. Tels étoient, entr'autres, le tableau de Venus fait par Zeuxis, qui étoit un des plus fameux morceaux de peinture de l'antiquité: & les deux statues d'Hercule, qui passoient pour les plus parfaites que l'industrie humaine ait jamais produites. Il y avoit aussi le fameux taureau de Phalaris, qui étoit une pièce inestimable. Imilcar, général Carthaginois, envoya, après la prise de cette ville, toutes ces raretés à Carthage: mais Scipion ayant, longtemps après, détruit lui même Carthage, rendit aux Agrigentins avec les autres pièces, qui avoient pu resister au temps, ce même taureau, qui subsistoit à Agrigente encore du temps de Diodore, la ſtatue d'Hercule ſi célébrée par Cicéron, & celle d'Apollon, dont on prétend qu'elle fut enſuite transferée à Rome & qu'elle y exiſte encore ſous le nom de l'*Apollon* du *Belvedere*. Après que cette ville eut été détruite par les Carthaginois, elle fut encore rébatie: mais les Romains la pillerent & la detruiſirent de nouveau, vers la fin de la premiere guerre punique: près de trente mille citoyens de cette ville furent alors emmenés captifs & vendus à l'encan. Cependant elle ſe rétablit encore: mais d'abord les mêmes Romains, puis les barbares du moyen âge & enfin le gouvernement éclairé des ſiècles plus récents ont déſolé cette ville, commé tout le reſte de la Sicile, de ſorte qu'elle n'a plus à préſent que quatorze mille ames.

En pourſuivant la route vers *Sciacca*, la patrie du fameux Agathocles, appellée anciennement *Thermæ Selinuntiæ* vous commencez à voir, parmi les figuiers & les citroniers, quantité de piſtachers, arbre d'une nature ſemblable à celle du palmier, en ce qu'il ne donne des fruits, que quand il se trouve dans le voisinage d'un pistacher mâle, qui, de son côté, est stérile.

En tirant vers le Nord, vous rencontrez *Mazzara*, célèbre par son coton, & ensuite *Trapani*, une des plus belles villes de la Sicile, où la mer semble disputer à la terre la préférence d'être utile aux habitans. C'est ici où se fait la plus grande pêche du thon & du corail, & où se trouvent les plus grandes salines de toute la Sicile & de tout le royaume de Naples. Des chemins affreux vous conduisent de *Trapani* à *Alcuino*, dont les environs montagneux abondent en arbres qui donnent la manne, le principal revenu de ce district.

De-là jusqu'à Palerme, vous marchez toujours sur des montagnes, tantôt en grimpant sur des rochers escarpés, tantôt en descendant dans des vallons profonds, mais fertiles & pittoresques. Vous passez par *Monréale*, ville située au sommet d'une montagne à cinq milles de Palerme. A la sortie de *Monréale*, vous entrez dans une promenade, bordée, de chaque côté, d'arbrisseaux à fleurs, & décorée de plufieurs fontaines, qui vous conduit infenfiblement au bas de la montagne dans une vallée toute couverte d'orangers & d'autres arbres fruitiers; & vous avez à votre droite la *Bagaria* & à votre gauche le *Colle* où la nobleffe Sicilienne a fes maifons de plaifance. Palerme eft fituée dans une vallée formée par de hautes montagnes, dans un canton des plus fertiles & des plus délicieux de la terre. Cette ville contient à préfent cent vingt mille ames, ce qui prouve que la population y va toujours en dépériffant, puifqu'en 1713 le nombre de fes habitants étoit de deux cent mille, comme on le voit par un mémoire de l'état politique de la Sicile, que le Baron *Agatin Apary*, natif de Catania & avocat verfé dans les affaires de fon païs, préfenta pour lors au roi de Sardaigne, qui étoit devenu roi de cette ifle.

Dans le tableau, que je viens de vous faire de la côte, une chofe doit vous frapper extrêmement, c'eft ce contrafte incroyable de la beauté, de la fertilité & de la culture de la campagne, avec la dépopulation qui regne sur toute la côte. Après cela il vous tombera dans l'esprit de me demander comment ces deux choses opposées peuvent aller ici de pair. Ce contraste apparent disparoit par la réflexion: la campagne de la côte est belle & fertile, parcequ'elle l'est naturellement; mais elle n'est pas aussi cultivée qu'elle devroit l'être; & il s'en faut de beaucoup qu'elle le soit, comme elle l'étoit anciennement: il y a encore bien du terrein en friche. Une immense étendue de terres, qui pourroit donner du bled, & qui en donnoit autrefois à un monde infini, ne produit aujourd'hui que du vin, des figues, des oranges, des citrons, des amandes & autres pareilles sortes de denrées qui ne font pas entrer autant d'argent, qu'il en faut pour acheter du bled & pour se vêtir. Un Seigneur qui a beaucoup d'huile, beaucoup de figues seches, est sûr d'en tirer tous les ans des sommes d'argent, qui le mettent en état de s'habiller superbement, d'avoir de beaux équipages, & d'entretenir des femmes; mais tout cet argent ne donne pas une once de pain à ceux qui n'ont pas, comme ces Seigneurs, des champs de bled & des terres couvertes d'oliviers & autres arbres fruitiers. Vous favez tout cela mieux que moi: il me fuffit de vous avoir rappellé ce principe de l'économie publique pour lever le contrafte apparent de mon tableau. Je dois vous dire encore un mot du continent; car il ne fuffit pas de connoître les côtes.

Le continent eft moins déchu de fon ancien état, que les côtes: il a même gagné beaucoup fur ce qu'il étoit du temps de Strabon: Les guerres, qui ont tant ravagé les côtes, ont épargné l'intérieur. Les ennemis ont toujours attaqué les villes fituées fur les côtes; & après que celles-ci furent défolées & reduites, celles de l'intérieur du païs ont changé de maitre, fans éprouver le fléau de la guerre; parceque les villes dépendantes reçoivent fans réfiftance les maîtres que les métropoles ont reçu après s'être ruinées en leur réfiftant. Outre cela, durant ces guerres quantité d'habitants des villes fe font réfugiés dans les terres avancées & dans les montagnes du continent; ainfi la population fe maintenoit dans l'intérieur, tandis qu'elle dépérissoit sur les bords de la mer. De plus, les barons qui possedoient des terres dans l'intérieur, en faisoient des asiles pour les scélérats des grandes villes assises sur les côtes, où il se commettoit, comme toujours, plus de crimes qu'à la campagne: enfin quantité de personnes qui après les guerres, après les nouveaux impôts & après les duretés de chaque nouveau maître, ne pouvoient plus soutenir le luxe & les autres inconvénients des grandes villes, se sont retirées dans les petites villes, dans les bourgs & dans les villages du milieu de l'Isle. Il y a dans le continent plusieurs terres seigneuriales, où l'on compte depuis douze jusqu'à cinquante mille ames. La ville de *Nicosia* qui est au milieu des montagnes de la vallée de *Demona*, renferme plus de vingt mille ames, tandis que Messine, qui est la capitale de cette province, en contient à peine autant, malgré la beauté de la situation & la commodité de son port. La ville de *Piazza*, dans la vallée de *Noto*, a dix huit mille habitants; ainsi sa population surpasse la moitié de celle de Catane, qui est la principale ville de la vallée de *Noto*, le siége de la noblesse de cette province, & le seul endroit de la Sicile où il y ait une université. Il en est de même de plusieurs autres villes du continent.

Toute l'Isle est divisée en trois provinces, qu'on appelle vallées, dont l'une est celle de *Mazzara*, l'autre celle de *Noto*, & la troisième celle de *Demona*: les deux premieres provinces sont plus fertiles en bled, & la troisième est plus abondante en fruits, en huile, en soie, en métaux & en toutes sortes de marbre. Toute l'Isle a soixante & six lieues de longueur, & quarante cinq de largeur, depuis la pointe de *Melazzo* jusqu'au cap *Passaro*. Le nombre des habitans de cette isle, y compris les ecclésiastiques, monte à plus de onze cent mille; ce qui fait une très petite population, en comparaison de ce qu'elle étoit autrefois, puisque Syracuse toute seule en renfermoit plus de trois cens mille, sans y comprendre les esclaves; mais elle est très grande en comparaison de celle de plusieurs autres contrées d'Italie, de la France & de l'Allemagne même, qu'on regarde pour la contrée la plus peuplée de l'Europe ; car, par exemple la Prusse, qui est de cinquante lieues quarrées plus grande que la Sicile, ne contient pas plus de six cent mille habitants, malgré tous les soins que les rois se sont donnés pour la peupler & la rendre florissante. La marche de Brandebourg n'a que cent quarante villes, tandis qu'en Sicile la seule vallée de *Demona* en a cent quatre vingt : les deux autres vallées en ont à peu près autant, savoir celle de *Mazzara* cent dix-sept & celle de *Noto* cinquante cinq. Cependant le Roi de Prusse fait tirer de la Prusse deux millions & demi d'écus, & autant de la marche de Brandebourg, tandis que la Sicile, qui a plus de villes & plus de monde que n'en ont la Prusse & le Brandebourg ensemble, ne vaut au roi de Naples qu'un millon d'écus ; & c'est avec ces deux provinces toutes seules que le roi de Prusse a commencé à faire ses conquêtes & à répandre l'alarme chez toutes les puissances de l'Europe, tandis qu'un roi, qui n'auroit que la Sicile, sur le pied où elle est à présent, ne pourroit seulement pas faire trembler le pape. L'exemple de la puissance étonnante des anciens rois de Syracule, & l'exemple encore plus surprenant de celle du roi de Prusse montrent évidemment, quel parti un roi pourra tirer de la Sicile, quand le gouvernement adoptera une fois d'autres principes. Mais dans l'état où est à présent cette contrée, le clergé & la noblesse sont trop puissants, & le roi l'est trop peu. Cette isle fourmille de nobles & de gens d'église, dont les premiers sont trop despotiques, & les seconds trop riches. On y compte trois cent soixante huit familles de Barons, dont la plupart, sont des Comtes, des Marquis, des Ducs & des Princes. Le nombre des ecclésiastiques monte à plus de quatrevingt mille. Un grand nombre de ces barons sont extrêmement riches; mais il n'y a en cela aucun inconvenient: le mal vient d'autres sources : c'est le droit de vie & de mort : ce sont d'autres droits féodaux trop exorbitans que ces barons ont sur leurs sujets, & qui abîment cette isle, encore plus que le Royaume de Naples; parceque les vexations qu'on exerce dans un païs, éloigné de la résidence du souverain, sont plus aisément tenues secrettes ; & il est plus difficile d'en faire parvenir la connoissance au ministere, de les prouver à des juges éloignés & d'en obtenir justice. Je vous ai déja parlé de ce terrible inconvénient dans une lettre que je vous ai écrite de Naples : ainsi je n'y reviendrai plus.

Quant au clergé, il faut faire une distinction entre le clergé séculier & le clergé régulier : il y a trois archevêques & huit Evêques : ce n'est pas beaucoup pour un païs si rempli de villes ; & si ces évêchés n'étoient donnés qu'à des prêtres séculiers du Royaume, il n'y auroit pas plus de mal, que s'il y avoit onze familles riches de plus dans le païs ; car enfin les ecclésiastiques séculiers, à moins que ce ne soient des foux superstitieux, dont il y en a dans tous les ordres, & plus encore dans celui des laïcs, font passer, soit pendant leur vie, soit après leur mort, à leurs familles les biens qu'ils amassent en travaillant doucement dans la vigne du Seigneur, qui jadis n'étoit pas fertile. Mais les couvents prennent tout & gardent tout :

dès que l'argent est entré dans leurs coffres, il n'en sort plus que pour faire une nouvelle acquisition, au préjudice de la société, qui ne voit plus circuler l'argent que produisoient les revenus de ce bien, & à la ruine de la famille dont il est sorti, qui ne peut jamais plus le recouvrer ; car les loix canoniques défendent très-sérieusement à leurs sujets, qui renoncent au monde, de laisser rentrer dans le monde ce qu'ils lui ont pu enlever : or il n'y a point de villes où il n'y ait quantité de couvens. A Palerme où il n'y a que cent vingt mille habitants au plus, il y en a soixante & onze ; à Messine, qui n'a que vingt mille ames, il y a près de quatre mille personnes qui n'ont point d'ame pour ce monde. Il en est de même à proportion des autres villes : ainsi je vous laisse à juger combien d'argent & combien de ressources sont perdus tous les ans, d'abord pour les sujets, ensuite pour le roi. La Prusse toute seule, (car il faut que je revienne encore à cette comparaison) rend à son roi deux tiers de plus, que la Sicile, qui, à tout prendre, vaut, pour le moins, dix fois la Prusse, n'en rend au roi de Naples. Cependant il s'en faut, pour le moins de deux tiers, que l'ordre de la bourgeoisie & celui des païsans de la Prusse, soient aussi pauvres que le sont ceux de la Sicile. Mais la noblesse prussienne n'a pas le droit de s'enrichir aux dépens de l'état & des sujets ; & les moines n'y ont pas le droit de semer la superstition pour recueillir de l'argent, & dépouiller les familles de leurs biens fonds.

Il y a en Sicile un autre grand inconvénient, par rapport au clergé en général, qui est que tous les ecclésiastiques séculiers & réguliers sont exempts des droits d'entrée pour les marchandises & pour les denrées de leurs terres. Cette exemtion ne s'accorde proprement qu'à ceux qui n'ont pas assez de bien pour subsister eux & leurs familles ; mais presque tout le monde prétend être dans ce cas, & peut-être avec raison. C'est pourquoi il n'y a presque point de famille qui n'ait un prêtre, pour pouvoir jouir de cette franchise ; & les familles qui n'en ont pas, achettent ce privilège d'un prêtre qui n'a point de famille :

ainsi cette misérable exemtion ne fait qu'augmenter prodigieusement le nombre des fainéants, & faire murmurer contre le gouvernement, sans faire honneur à sa religion. Ne m'accusez pas de revenir trop souvent à la charge sur le clergé: il faut bien que j'y revienne, puisque par tout où j'arrive, je le trouve à la charge de la société.

Mais changeons de discours: les avocats ne valent pas beaucoup mieux que les moines, du moins ceux de cette contrée: car je connois quelques païs où ils ne ruinent pas le monde ni par ignorance ni par malice. Cependant partout où les loix romaines sont la base de la législation civile, il faut qu'il y ait des avocats ignorants, parcequ'il est impossible d'entendre ces loix, à moins d'avoir étudié toute sa vie le corps du droit civil, ce que le gros des Jurisconsultes ne fait jamais; & il faut aussi qu'il y en ait de chicaneurs, puisque toute législation obscure & pleine de défauts, comme l'est celle de Justinien, enfante la chicane. Les avocats & les procureurs de ce païs font de grandes affaires; & il y en a parmi eux qui ont fait de grandes fortunes ; ainſi, il faut de toute néceſſité, qu'il y ait eu beaucoup de monde ruiné.

Il eſt étonnant que notre ſiécle, que l'on dit être ſi éclairé, ſi philoſophique & ſi abondant en hommes ſavants, ſoit encore au deſſous de tous les ſiécles paſſés, par rapport à la légiſlation civile ; car celle des Lombards, des Goths & des Francs, quelque mauvaiſe qu'elle étoit, valoit pourtant mieux que la nôtre, puiſqu'elle étoit infiniment moins ſujette à la chicane, & infiniment plus préciſe & plus claire.

LETTRE VINGT-CINQUIEME.

PALERME le 12. Mai 1775.

Interieur des vallées de Noto *& de* Mazzara. *manière de conserver le bled: le bled est la principale branche du commerce des Siciliens: causes qui font decheoir ce commerce. Productions de cette Isle: Rivieres célebres par des propriétés singulieres.* Mont Etna: *ses crateres: sa laye: la tour du filosofe: différentes régions de cette montagne: différentes productions: commerce que l'on fait avec la neige de cette montagne. Tremblemens de terre. Museum du prince de Biscaris à Catane: magnifique & riche couvent. Museum des Bénédictins du même endroit. Moines de la Sicile; Mauvais principes du gouvernement espagnol du temps passé. Noblesse de la Sicile; son gout pour la poesie: Tribunal de l'Inquisition. Les rois de Sicile légats à latere du S. siege: effets de cette prérogative: caractere de Siciliens.*

J'ai fait une tournée dans l'intérieur des vallées de *Noto* & de *Mazzara* avec des gentils hommes de Palerme qui ont voulu me faire voir des terres qu'ils y possedent. Je ne saurois pas vous donner une juste idée de la fertilité naturelle de ces deux provinces & de la négligence des habitans à cultiver la terre. Il semble que les païsans prennent tous les soins possibles pour que la terre ne leur donne pas plusqu'il ne leur faut pour végéter misérablement. Cependant il y a des années où la bonté du sol brave la négligence des cultivateurs; & pour lors ils font des récoltes qui suffisent pour sept ans ; au contraire il y a d'autres années où ils ne recueillent pas même de quoi subsister. Dans les années d'abondance, ils font sécher le bled qu'ils veulent conserver & le versent dans des cavernes destinées à cet effet: après l'avoir bien comprimé, ils bouchent le trou pour le garantir de l'air & de la pluie, puisque selon leurs expériences, le plein air ne gâte pas moins le grain que la pluie. Le bled est la principale branche du commerce de ce païs, comme il l'a toujours été; mais il n'y a que les gens aisés qui puissent en profiter. Cette denrée ne peut se vendre dans le païs même, que lors qu'il vient quelque année stérile; & quant aux étrangers ils ne viennent la chercher, que lorsqu'il y a disette dans les contrées où ils la trouvent en d'autres temps à meilleur marché: car il y a plusieurs choses qui rendent ici le bled plus cher qu'ailleurs. D'abord cette contrée est montueuse & les chemins très difficiles, de sorte qu'il faut transporter cette denrée d'un lieu à un autre sur des mulets, ce qui rend le transport couteux; ensuite il faut payer au viceroi une taxe très considérable pour avoir la liberté de la vendre, sans quoi il n'est pas permis de l'exporter. Outre cela, il y a encore des droits très forts à payer au roi. Ainsi ceux que la médiocrité de leur fortune ou leur pauvreté empêche d'attendre ces occasions, sont forcés de vendre leur bled à un vil prix aux couvents, aux monopoleurs, aux riches barons, à leurs intendants qui profitent de leur nécessité, ou bien de le donner aux marchands, chez qui ils se pourvoyent du nécessaire, & qui pour cela, se croyent en droit de hausser la valeur de la marchandise qu'ils donnent, & de baisser le prix de celle qu'ils reçoivent. Après cela il arrive une année de disette dans le païs, & il se trouve que les couvents & les autres monopoleurs ont déja vendu tout le grain à l'étranger, ou qu'ils font serment de l'avoir vendu, pour attendre le tems où une plus grande nécéssité en fait monter le prix à l'excès: ce tems venu, ils font encore une autre opération bien plus cruelle: ils donnent le bled à credit aux pauvres paysans & aux propriétaires de champs, à condition de faire la restitution en bled: cette restitution se fait au tems de la nouvelle récolte où le prix est presque nul, & les débiteurs sont obligés de leur donner autant de mesures de ce bled à vil prix, qu'il en faut pour égaler la mesure que leurs créanciers leur ont donné au prix le plus exorbitant. C'est de cette façon que ces messieurs, qui m'ont mené dans leurs terres, se font fait payer sous mes yeux par les gens de leurs campagnes, & l'on m'a assuré partout que c'est là la coutume générale du païs. Ainsi pour une salme de bled, mesure qui fait sept septiers de Paris, j'ai vu recevoir cinq salmes de la même espèce de bled. Voilà comment le peuple meurt de faim dans un païs où l'on pourroit jouir de la plus grande abondance. Du tems des Romains, les Siciliens étoient beaucoup plus heureux : ils payoient à la vérité de grands impôts en bled; ils étoient obligés de vendre une autre partie de leur bled à leurs maîtres, au prix qu'il plaisoit à ceux-ci de fixer; une autre partie leur étoit encore volée par les gouverneurs & par leurs officiers; mais comme ils étoient obligés de bien cultiver la terre pour se nourrir eux-mêmes, & pour nourrir leurs maîtres, cette terre reconnoissante produisoit une si grande quantité de bled, qu'il en restoit encore assez aux propriétaires pour en faire bien de l'argent en vendant aux négociants de Rome & d'autres païs, ce que le sénat, les empéreurs & leurs officiers ne leur avoient pas enlevé. Mais aujourd'hui les cent mille habitans de Rome tirent assez de bled de leur misérable campagne, aulieu que les trois millions d'ames, qui habitoient dans l'ancienne Rome

Rome & dans les environs, devoient chercher du bled partout.

Après le grain, les principaux revenus des Siciliens font l'huile, la foie, les vins, le ris & différents fruits, comme les figues, les amandes, les fimons, les citrons (car ce font deux efpèces différentes, quoique les François les comprennent fous le nom général de citrons) les bergamottes, les piftaches, les raifins de corinthe &c. Le païs produit encore de la manne, du coton, du faffran, du miel, du fuc de réglifle, de la foude, des mouches cantarides, du fucre. Les montagnes & les collines font pleines de fel foffile, d'alun, de vitriol, de foufre, de falpêtre &c. Les mines de fel les plus abondantes fe trouvent à *Caftro Giovanni*, à *Camerata*, à *Nicofia*; outre ce fel mineral il y a encore celui de la mer qui fe condenfe dans des foffes faites pour cela, près de *Marfala*, *Trapani*, *Amerani* &c. Près de *Girgenti* il y a une fameufe faline dont le fel a une propriété différente de tous les autres: il fe fond fur le champ dés qu'on le met fur le feu, au lieu que dans l'eau il ne fait que se briser sans jamais se dissoudre. Les anciens historiens rapportent qu'il y avoit autrefois en Sicile des mines de ce sel, qui étoit si solide, que les artistes en faisoient des statues & différents autres ouvrages. On y trouve aussi des mines de plomb, de fer, de cuivre; & peut-être y en trouveroit-on d'or & d'argent, si le gouvernement vouloit ou faire lui-même la dépense de l'exploitation, ou la permettre à des particuliers sous des conditions raisonnables: car il est constant qu'il y en avoit anciennement; & on voit encore des vestiges des anciennes mines d'or auprès de la source de la rivière, appellée il *Nisso*, qui descend du mont *Sendecio* &. va se jetter dans la mer, entre *Messine* & *Taormina*.

On compte sur ces différentes montagnes jusqu'à trente sortes différentes de marbres durs, plus de trois cents sortes d'agathe, d'éméraudes, de jaspe, de béril & d'autres pierres précieuses: c'est principalement près de Gruterie qu'on tire quantité de béril & de jaspe rouge, marqué de blanc & de verd, ainsi que de porphire, aussi marqué de taches blanches & verdes. Les pâturages, surtout dans la vallée de *Démona*, sont excellents pour toute sorte de bétail: il y en a même sur les sommets des plus hautes montagnes. Les chevaux de Sicile sont renommés pour leur beauté & pour leur vivacité; les moutons donnent de bonne laine qui pourroit encore par l'industrie des hommes se rendre beaucoup meilleure: les bêtes à cornes sont très grandes & ont des cornes prodigieuses.

Les mers de la Sicile sont très poissonneuses, & il y a plusieurs espèces de poissons d'un goût exquis, tels que l'empereur ou le *Spada*, le thon, les anguilles & surtout celles du Phare: on pêche dans ces mers beaucoup de corail, principalement sur les côtes de Trapani & de Palerme.

La riviere appellée la *Giaretta*, tant célébrée par les anciens sous le nom de *Simetus*, qui prend sa source du côté septentrional de l'Etna, jette, près de son embouchure, une grande quantité d'ambre jaune, que les païsans recueillent & portent à Catane, où l'on en fait des chapelets, des croix, des images de saints &c. *A Centorbi*, qui est un petit endroit au pied de l'Etna, au sud ouest de la montagne, on a trouvé depuis peu, une pierre douce qui se diffout dans l'eau, dont les blanchisseuses se servent aulieu de savon. Sur les côtes de *Trapani* il y a une espèce de coquillage dur, sur lequel un habile artiste travaille des camées qui imitent parfaitement les antiques gravées sur l'onyx. Enfin on compte dans cette Isle jusqu'à quatre vingt sortes de productions, toutes propres au commerce avec l'étranger.

Je m'imagine vous voir témoigner beaucoup de surprise de ce que je m'amuse à vous parler de coquilles & de la pierre de savon sans vous dire un mot de l'Etna. Sans cette considération je me serois encore arreté sur quelques bagatelles d'histoire naturelle. Mais je m'en vais vous mener droit à l'Etna.

Cette montagne est une des plus hautes de l'ancien continent: elle n'a probablement pas moins de douze à treize mille pieds de hauteur: je dis probablement; parce que sa hauteur n'a pas encore été prise, quoique l'Etna soit une des montagnes les plus faciles à mesurer, & quoiqu'il y ait une académie à Catane, dont le but est l'étude de cette montagne, & qui pour cette raison est appellée l'Academie de l'Etna. On commence à la monter à Catane, & l'on compte trente milles de chemin depuis cette ville jusqu'au sommet, où est la grande bouche du volcan. Les Siciliens la distinguent en trois régions: la premiere est appellée Piémontoise, ce qui signifie qu'elle est au pied du mont; la seconde est la région des bois; & la troisieme est nommée la deserte ou la découverte, parce qu'elle est entiérement stérile, & toute couverte de neiges & de glaces. La premiere, qui a une circonférence de cent quatre vingt milles, s'élève jusqu'à la hauteur de quinze milles. Elle est toute couverte de villes, de villages & de monasteres. Cette région est toute formée de petites montagnes & des laves qu'elles ont vomies. Ces montagnes, qui sont répandues sur tous les flancs de l'Etna, ne sont elles mêmes que des productions de la grande montagne. Il ne faut envisager la grande bouche du sommet de l'Etna que comme la cheminée commune du volcan, où le feu attire, fonde, calcine & vitrifie les matieres qui doivent dans la suite sortir en l'air. Mais l'éruption ne se fait que très-rarement par cette bouche; parceque le sommet, où elle est, étant extrêmement haut, le feu ne peut pas s'élever sans des efforts extraordinaires à une si grande hauteur : ainsi en cherchant une issue autour de la base & même au dessous, ce feu ébranle pendant quelque temps la grande montagne & éclate enfin du côté, où il a rencontré le moins de résistance : les pierres ardentes & les rochers immenses qui pour lors sont lancés en l'air, forment en rétombant les montagnes, dont je viens de parler, & qui, selon que l'éruption est plus ou moins grande, acquierent plus ou moins d'étendue & de circonférence : il y en a qui ont sept à huit milles de tour & plus de mille pieds d'élévation perpendiculaire : au contraire d'autres n'ont que deux milles de circonférence & trois cents pieds de hauteur.

L'éruption ayant de cette façon créé la nouvelle montagne, la matiere fondue par le feu quitte les rochers solides & venant toute à s'amasser au pied de ces rochers, elle part de là & se fait un chemin plus ou moins large selon la quantité de la matiere qu'elle amene, de sorte que l'on en voit de ceux qui ont plusieurs milles de largeur. Elle coule avec une lenteur extrême: mais elle brûle & entraine tout ce qu'elle rencontre dans son chemin: ce qui fait sentir, qu'il seroit très-aisé, dans les cas de pareilles éruptions, de détourner la lave du chemin qu'elle a pris d'abord, & de la faire aller par les endroits, dont le ravage fut le moins sensible, en faisant sur le champ travailler des centaines & même des milliers d'hommes pour lui creuser un autre lit par où on la feroit couler, & des fossés, où elle iroit enfin se perdre soit entierement, soit en grande partie: en effet cet expédient a déja été mis en exécution dans ces derniers temps avec tout le succès imaginable: & ce sera bien par cet unique moyen, qu'on pourra dans la suite sauver Catane des éruptions de l'Etna, & Portici de celles du Vesuve; car S. Janvier, le patron des Napolitains, & S. Agathe, la patrone des Cataniens, pourroient bien être tentés un jour ou l'autre d'abandonner leurs cliens à cauſe de leurs pechés, & de ne les pas ſécourir, s'ils ne ſauront pas ſe ſécourir eux-mêmes.

Ces montagnes & ces laves de la prémiere région de l'Etna forment à preſent le ſol le plus fertile de l'Europe. Ce ſol a cinq ou ſix pieds de profondeur, & dans quelques endroits il en a même davantage; au deſſous on ne rencontre nulle part que des rochers de lave. Cette obſervation prouve evidemment la prodigieuſe antiquité de ces éruptions : car ce terreau ſi fertile & ſi épais ne peut avoir été produit que par la pouſſiere, que le vent a repandue ſur la lave, qui eſt une ſubſtance aſſez poreuſe pour la recevoir, & par les pluies de cendres qui y ſont tombées de la montagne; & ces deux matieres réunies ayant produit d'abord de la mouſſe & puis des végétaux, leur pourriture a formé peu à peu un ſol des plus riches de la terre. Mais combien de ſiécles ne faut-il pas, pour que cette opération ſe faſſe: combien ne s'en écoule-t-il pas avant que la lave ſoit ſeulement couverte de la quantité de terrein qu'il faut pour qu'il y puisse venir de la mousse & de petits végétaux : je vous en ai déja apporté des exemples dans ma lettre précédente, & je pourrois vous en apporter quantité d'autres des plus incontestables, si le raisonnement tout seul ne suffiroit pas pour s'en convaincre. Il y a pourtant une distinction à faire à cet égard, qui est que celles des laves, qui, dans le commencement, ont été moins liquides & moins vitrifiées, doivent avoir été imprégnées plutôt, que les autres, des matieres nécessaires à la formation d'un sol propre à produire. Cependant cette opération se fait toujours avec une prodigieuse lenteur, comme on le peut juger par les laves, dont on a des preuves & des témoignages incontestables sur l'époque de leur éruption. J'ai vu avant quelques jours, dans l'Isle d'Ischia à quelques lieues de Naples, la lave qu'un des volcans de cette Isle a vomie en 1303, & qui a coulé jusques dans la mer, comme on le sait par les auteurs de ce temps-là & par la description qu'ils en ont donnée : cette lave est assez poreuse de sa nature : & il s'en faut de beaucoup qu'elle soit aussi vitrifiée que le sont quantité de celles de l'Etna: cependant elle est encore dans le même état de stérilité que le sont les laves les plus modernes de l'Etna & du Vesuve.

Quand, en montant l'Etna, on arrive vers l'extrémité de sa premiere région, on y trouve un climat beaucoup plus tempéré que n'est celui, que l'on rencontre au commencement & au milieu de cette même région. Ici la récolte est finie à la fin de Mai, au lieu que dans la partie superieure elle ne commence qu'à la fin de Juin. Les fruits de cette partie de la montagne sont les plus beaux & les plus délicieux par leur saveur de toute la Sicile. Les vignes sont fort basses ici, au lieu que celles du Vesuve sont très hautes: mais le vin du mont Etna est plus fort que celui du Vesuve: cependant, comme les vignes du premier sont si basses, cette montagne donne moins de vin que le Vesuve.

La région boiseuse qui suit après, occupe tout autour de la montagne un espace d'environ neuf milles de hau-

-teur. J'ai compté, où pour parler plus exactement, mon guide m'a aidé à compter, dans cette moyenne région, quarante quatre petites montagnes du seul côté de Catane, & par conséquent celles qui sont du côté opposé, dont il y en a aussi un grand nombre, n'y sont pas comprises. Toutes ces montagnes sont d'une figure réguliere, soit hémisphérique, soit conique: au haut de chacune on voit un cratere régulier, & dans quelques-unes le grand gouffre ou la bouche, d'où est sortie la matiére brûlée, est encore ouvert. Tout cela prouve clairement, que ces montagnes de la seconde région sont des productions du volcan de la grande montagne, ainsi que celles de la prémiere. La plûpart de ces montagnes sont couvertes de la plus belle verdure & d'immenses forêts de liege, de chênes & de chataigners, dont je vous ai déja parlé dans ma précédente. Les Crateres même de plusieurs de ces montagnes sont couverts d'arbres au dehors & au dedans, d'où on peut tirer une nouvelle preuve de l'étonnante antiquité de ces éruptions. En gravissant cette partie de l'Etna j'ai passé par un endroit, qui étoit couvert, avant neuf ans, d'une belle & large forêt, que la lave d'une éruption, arrivée en l'an 1766, a entièrement ravagée: j'ai grimpé sur cette lave, dont la surface paroissoit froide presque par tout: il y avoit cependant quelques crevasses, d'où il sortoit de la chaleur: mon guide m'a assuré qu'en bien des endroits elle exhaloit de la fumée, il n'y a encore que trois à quatre ans. Il y a de ces montagnes qui ne sont encore couvertes que de cendres, d'autres où l'on voit de petites plantes & des herbes, & encore d'autres où la végétation est parvenue à ce haut point dont je vous ai parlé.

Les montagnes qui ne sont couvertes que de cendres, sont pourtant d'une si haute antiquité, que ni l'histoire ni la tradition ne fait aucune mention de leur premiere origine, d'où l'on peut inférer de quelle antiquité doivent être celles qui sont couvertes d'un sol épais & de forêts d'abres immenses. Mais n'allez pas, je vous prie, lire cet article à notre pere Joseph, de peur qu'il ne s'avisât de me chicaner & de me faire tant de questions théologiques sur ce sujet, qu'il lui réussit de m'embarrasser & de me prouver que je suis mauvais chrétien en dépit du témoignage contraire que me rend ma conscience: car il est facile à un théologien, qui en sait tant que lui, de confondre un ignorant comme moi, qui ne sais que mon catechisme & l'évangile, qui fait la plus petite partie de la théologie. Une grande partie des Académiciens du mont Etna soutiennent pourtant tout ouvertement que ces riches montagnes ont été enfantées avant sept mille ans, & ils pretendent le prouver par des argumens invincibles: voilà ce que je sais positivement: mais j'ignore parfaitement, comment ils se sont arrangés à cet égard avec les peres de l'Inquisition.

A mesure que l'on avance dans la région moyenne, les forêts disparoissent insensiblement, & le grand froid, qui y regne continuellement, affoiblissant la végétation, on n'y rencontre plus que des plantes & des herbes des plus petites espèces. Bientôt vous ne voyez plus que des plages de neige & de gla-

ce, revetues par ci par là de couches
assez épaisses de cendres noires, qui
occupent tout autour un espace de sept
à huit milles. Vous jugez bien qu'il
doit être extrêmement difficile & quelquefois même dangereux de grimper
sur ces plages qui, dans quelques endroits, sont luisantes comme un miroir,
& dans d'autres presentent souvent une
surface trompeuse, puisqu'elles paroissent
au dehors être de la neige solide, tandisque la chaleur interieure de l'Etna en
a fondue celle du dedans. En continuant la marche on parvient enfin au
pied d'une montagne conique qui fait
le sommet & la couronne de l'Etna.
C'est une montagne couverte de neige,
qui est elle-même recouverte de cendres, de neuf à dix milles de circonférence, d'un quart de mille de hauteur perpendiculaire, très-escarpée, &
ce qui est le plus rémarquable, formée
seulement depuis trente ans : elle est assise
sur une plaine, au milieu de la quelle
il n'y avoit auparavant qu'un large
cratere. Après avoir grimpé l'espace
d'une heure on ne rencontre plus de
neige ; la chaleur du cratere qui se re-

trecit de plus en plus à mesure qu'il s'éleve, & les fumeés continuelles qui sortent de sa bouche, l'empêchant de s'y arrêter. La grande bouche du volcan est près du centre du cratere; c'est là où s'élevent de plusieurs endroits en l'air des nuages d'une fumée sulfureuse, qui à l'instant, où elle est portée hors du cratere, retombe vers le bas de la montagne.

Cette bouche de l'Etna est beaucoup plus grande que celle du Vesuve: celle de ce dernier n'ayant actuellement que 400 toises de diamètre. Il y a de gens qui osent descendre jusqu'à un certain point dans le gouffre du Vésuve; mais le cratère de l'Etna est constamment si chaud, que je ne crois pas que l'on y puisse entrer, sans courir le risque d'être brulé. Au reste, je n'ai pas remarqué sur l'Etna ni au bord de l'entonnoir, ni à l'embouchure, de ces différentes éruptions, de ces belles efflorescences de soufre, que j'ai observées sur le Vésuve. De plus la lave de l'Etna n'est pas aussi belle, ni si variée que celle du Vesuve: celles du premier se réduisent à douze espèces, qui sont encore peu différentes entre elles, au lieu que le dernier en donne quarante sortes d'une variété bien marquée. Le plus gros rocher qu'ait vomi le Vesuve est de figure ronde & a environ douze pieds de diamétre: mais quand on est au pied du cône qui forme le cratere de l'Etna, on y voit quantité de rochers, lancés par ce gouffre, qui sont tous d'une grandeur bien plus considérable. Strabon dit que l'on avoit observé que les différens sommets de cette terrible montagne subissoient différens changemens: que tantôt tout un cratere tomboit dans les entrailles de la montagne, & tantôt on voyoit sortir du gouffre un nouveau cratere qui dans la suite s'écrouloit lui-même & retomboit dans la montagne pour faire place à un autre. Le même écrivain ajoute que la montagne vomissoit quelquefois des torrens de feu, d'autres fois des rochers enflammés, mais qu'ordinairement il n'en sortoit qu'une fumée melée de flammes. Sur un terrein élevé à une mille du cratere on rencontre des ruines d'un ancien bâtimens que les gens du pays appellent la *Tor-*

re del Filofofo, la tour du Filofofe: on croit affez communement que cette tour a été élevée par Empédocles, filofofe d'Agrigente qui a vecu 400 ans avant l'ére chretienne, pour fe procurer la commodité d'étudier de près la nature de cette montagne. Ce conte eſt fondé fur ce que l'on fait qu'il y perit, pour avoir voulu examiner de trop près la bouche du gouffre enflammé. Mais Strabon qui parle du malheur arrivé à ce filofofe, ne fait aucune mention de cette tour. Après avoir quitté le grand cratere & la région deferte, je me fuis occupé à examiner avec plus d'attention les régions fertiles de l'Etna.

Je me fuis donc encore arrêté à confiderer la region des bois. Cette région étoit autrefois remplie de bêtes fauvages; fes cerfs étoient célebres; mais ils ont été exterminés, il y a long-tems, ainfi que les ours; & il n'y a plus aujourd'hui que des fangliers, des chevreuils & une efpèce de chevre fauvage. Il y a aufſi des vautours & des aigles, mais en petite quantité. En échange les forêts y font remplies d'arbres des meilleures efpèces, tels que les chênes, les maroniers, les liéges, les frênes, les pins & les fapins, & font couvertes d'une infinité de plantes aromatiques qui exhalent un parfum des plus agréables. Je vous ai déja parlé des maroniers prodigieux de cette montagne.

La région qui environne le pied de la montagne & qu'on appelle auſſi *la regione culta*, la région fertile ou cultivée, forme, de tous côtés, le pais le plus fertile de l'univers. Le coup d'œil des campagnes cultivées, n'eſt pas à la vérité auſſi attrayant, au pied de cette montagne, qu'il l'eſt au pied du mont Véſuve: elles n'ont pas une auſſi charmante verdure: les vignes y ſont baſſes & ne s'élèvent pas ſur de hauts arbres, comme celles du Véſuve; mais l'Etna offre des productions plus variées, plus abondantes & plus ſingulieres, que le Véſuve. Il y a beaucoup de *Palma Chriſti*, plante qui donne une ſemence, dont on tire l'huile de *Caſtor*. Il y croit de la ſalſe-pareille, du ſaſſafras du ſafran en abondance, une ſorte de rhubarbe, de la canelle & du poivre ſauvages, qu'on mêle avec la canelle & le poivre qui viennent des Indes, ſans que bien des gens fachent diftinguer l'une de l'autre. Les palmiers y viennent très bien & en grande quantité: les dattes qu'ils produifent, parviennent à une parfaite maturité. J'y ai vu moi-même fur ces palmiers les dattes qui croiffent en forme de grappes de raifins, dix à douze enfemble: elles font en fleurs au mois de Février & muriffent au commencement de Septembre. En général les fruits de l'Etna, & furtout les figues, font les plus beaux & les plus délicieux de la Sicile: elles font plus groffes & ont une faveur plus agréable que celles de tous les autres endroits. Cette montagne fournit encore du bois de chauffage à une grande partie de l'Ifle. Mais devinez quelle eft fa production la plus lucrative & la plus néceffaire pour les habitants de la Sicile? C'eft la neige: il n'y a perfonne dans toute l'Ifle qui puiffe s'en paffer en été: le plus pauvre en a befoin comme le plus riche. Dans cette Ifle ainfique dans les païs méridionaux du Napolitain, on demande en été l'aumône pour pouvoir acheter de la neige, comme on la demande ailleurs pour acheter du pain. Comme le mont Vésuve fournit la neige aux habitans de Naples & de ses environs, le mont Etna en fournit aux habitans de toute la Sicile & même à ceux de Malthe: cela fait que la neige est une marchandise très importante. La vente de la neige d'un petit canton, au nord du mont Etna, vaut à l'évêque de Catania vingt-trois mille livres par an. Je vous dirai ici en passant que la neige fait de meilleures gelées que la glace. Après avoir goûté, dans mes premiers voyages, les sorbets que l'on fait à Naples & en Sicile, je n'ai pu m'accommoder qu'avec peine, des glaces que l'on boit dans les autres païs, parceque je ne les trouvois pas assez bien gelées.

Enfin cette montagne fournit aussi une grande quantité de sel ammoniac, qu'on peut même recueillir, à l'embouchure de quelques éruptions, absolument pur & dégagé de toute matiere hétérogène; mais il y a peu de soufre, aulieu que le Vésuve en fournit en abondance. Tant de productions différentes font une espèce de dédomnagement pour les Siciliens, des ravages que la montagne fait sur leurs terres & sur leurs villes par ses terribles éruptions.

Mais cette Isle est sujette à un fléau bien plus destructeur encore, & qui ne repare en aucune façon les dévastations épouvantables qu'il produit: ce sont les tremblements de terre qui sont plus terribles ici, qu'ils ne l'ont jamais été dans aucune autre contrée de l'Europe. Il ne se passe point d'année où il ne se fasse sentir quelque tremblement, soit par toute l'Isle ou dans quelques endroits particuliers. Mais de tous les tremblements, qui sont arrivés depuis un siécle, le plus funeste fut celui que cette contrée essuya au mois de Janvier de 1693. Dans l'espace de trois jours, seize villes & dix-huit terres seigneuriales furent entiérement englouties avec les hommes & les bêtes. Une plus grande quantité d'autres villes, bourgs & villages sont tombées en ruine, les unes entiérement, les autres en partie: neuf cent soixante douze églises furent détruites, sans compter celles qui furent englouties: le nombre des hommes qui périrent dans ces trois jours, fut de quatre-vingt treize mille.

Le prince de Biscaris a fait des collections prodigieuses de toutes sortes d'antiques qui ont été tirés, & en grande partie même sous ses yeux, de dessous les ruines des villes ensevelies sous la lave de l'Etna, ou englouties & détruites par les tremblements de terre : son cabinet égale, pour le moins, celui du roi à Portici ; & par conséquent ce prince est de tous les particuliers de l'univers celui qui posséde le *muséum* le plus vaste & le plus curieux ; il a ajouté à ce *muséum* un cabinet d'histoire naturelle des plus intéressants ; on y voit toutes les choses les plus rares des trois regnes de la nature, arrangées dans un ordre admirable. Les appartements de ces cabinets sont tout couverts de pierres avec des inscriptions anciennes. Ces appartemens contiennent soixante dix statues des plus célebres artistes ; quarante têtes, soixante dix bustes d'empereurs & d'hommes illustres, huit cens vases Etrusques, un grand nombre d'urnes, plus de huit mille médailles Grécques, Romaines & Siciliennes: une immense quantité d'antiques de toute espéce. La collection d'histoire naturelle est distribuée en cinq appartemens: le premier comprend les productions de l'océan; le second celles de la terre; le troisieme des pétrifications maritimes, qui furent trouvées sur les montagnes de la Sicile; le quatrieme les animaux les plus rares, rangés dans leurs classes; le cinquieme des instrumens de mathématiques, & une immense variété de curieuses machines.

Il y a dans la même ville de Catane un autre cabinet des plus considérables de l'Italie, qui appartient aux Bénédictins de *St. Nicolo* de *l'Arena*. Les appartements du cabinet de ces moines sont extrêmement précieux: entre un grand nombre de raretés, celles qui m'ont fait le plus grand plaisir, ce furent les vases antiques de terre cuite, dont il y en a plus de trois cent, qui sont tous de la plus grande beauté, tant pour la forme, que pour le dessein des figures & leur noble simplicité. Il me paroit que les anciens Siciliens ont surpassé, dans cet art, les Etrusques dont ils ont apparemment été les imitateurs. Ces moines avoient au commencement leur couvent à douze milles de Catane dans un flanc de l'Etna, au milieu des cendres & du sable noir, sortis de ses gouffres; mais ils y amasserent de prodigieuses richesses; & dès lors un si triste séjour ne pouvoit plus leur convenir. Ils sont descendus à Catane où ils ont bâti une église & un couvent d'une si grande magnificence, qu'il y a peu de palais de rois qu'on puisse lui comparer. Malgré les dépenses étonnantes qu'ils ont été obligés de faire pour construire ces bâtiments & les orner à proportion & pour former leur précieux *muséum*, ils ont encore un revenu annuel de plus de trois cents quarante mille livres: ce revenu pourroit faire subsister commodément, dans ce païs, cent familles, qui au bout de cent ans augmenteroient la population, au moins de vingt autres familles, tandis qu'à présent ce couvent doit détruire dans le même espace de tems, au moins vingt familles, pour maintenir le nombre des fainéannéants nécessaires pour occuper les chambres d'un si vaste & si superbe édifice. Il y a dans cette isle quantité d'autres couvents qui ont des richesses surprenantes, comme, entre autres, celui de sainte Lucie; & tous ces couvents nourrissent de grands troupeaux de moines.

Ceux qui écrivent sur l'économie publique, pretendent qu'un prince qui a des armées, ne peut prendre, parmi ses propres sujets, plus de dix mille soldats sur chaque million d'ames, à moins qu'il ne veuille abîmer son païs & se ruiner lui-même & ses successeurs: or des personnes bien informées m'ont assuré que dans la Sicile, qui n'a qu'un peu plus d'onze cent mille ames, il y a plus de vingt mille moines. Je crois que tout homme qui a le sens commun, m'accordera aisément, qu'indépendamment des grands maux que les moines font à la société par la nature même de leurs instituts, & par la superstition & la corruption des mœurs qu'ils engendrent, un moine est toujours plus à charge à l'état, qu'un soldat: il est donc évident que ces couvents font une des principales causes qui ont opéré ce changement de la contrée, la plus opulente de l'univers, en un païs très misérable: ajoutez à cette multitude immense de moines une multitude plus immense encore de prêtres séculiers, qui n'ont point de cures, dont l'unique fonction se borne à dire la messe; & jugez après cela ce que ce païs doit devenir avec le tems, si les souverains n'y mettent point ordre en supprimant ces couvents & cette prêtraille inutile & pernicieuse.

Le gouvernement Espagnol des temps passés a beaucoup contribué à augmenter le nombre des ecclésiastiques: d'un côté il leur a accordé des priviléges & des exemptions très considérables, comme j'ai eu l'honneur de vous le marquer dans ma lettre précédente; & d'un autre côté il a tenu les séculiers dans l'oppression & dans la plus crasse ignorance pour les empêcher de voir leurs maux & de s'en ressentir. La dureté avec la quelle les vice rois Espagnols traitoient la noblesse Sicilienne, obligeoit les parents de faire prendre le froc & les ordres à la plupart de leurs enfants, étant dans l'impoffibilité de leur procurer d'autres moyens de fubfiftance; & la fuperftition, jointe à l'ignorance que ce même gouvernement y entretenoit, faifoit accroire à tout le monde, que l'état ecclefiaftique étoit celui qui conduifoit le plus aifément au ciel. C'eft par la même dureté du gouvernement Espagnol, que la Sicile fe trouve inondée d'une foule incroyable d'avocats: car comme les Espagnols donnoient toutes les charges confidérables, foit dans l'état civil, foit dans l'état militaire, à des gens de leur nation, les nobles & les autres gens de quelque condition, qui n'avoient pas de goût pour l'état ecclefiaftique, fe faifoient avocats & procureurs, pour gagner leur vie; & cette coutume s'étant une fois établie, elle s'eft maintenue jusqu'à préfent, de forte que ce pauvre païs eft pillé par les moines & par les gens du bareau. Ne vous imaginez pas que j'aie tiré ces obfervations, fur la qualité du gouvernement Espagnol des tems paffés, de mon propre fonds: je les ai puifées dans plufieurs écrivains Siciliens même, dont l'un entre autres, qui est le baron *Agathin Apary*, dit dans le mémoire que je vous ai allégué dans ma précédente lettre, en propres termes: que les Espagnols par un esprit de politique & d'orgueil, ne voulant pas qu'on pénétrât dans leur conduite, ont toujours empêché que les bons esprits ne cultivassent les sciences & les arts, jusque là que les vice-rois ont souvent puni les maîtres qui enseignoient les mathématiques à de jeunes seigneurs. Ils ont même, continue-t-il, corrompu les loix & les constitutions de l'université de Catane, faisant donner le bonnet de docteur à des ignorants, qui n'avoient point fait le cours ordinaire de leurs études; à l'égard des charges militaires, ils ont toujours eu soin de les donner à des étrangers, au préjudice de la noblesse Sicilienne; & les mauvais traitements, que les Espagnols ont fait aux gens de qualité, ont obligé ceux-ci à prendre le parti d'étudier en droit pour se faire avocats, de sorte que la noblesse est demeurée dans une ignorance générale, qui lui est devenue héréditaire.

Cette nobleſſe a pourtant commencé à ſortir de cette ignorance; & elle eſt en général beaucoup plus éclairée & plus inſtruite, que la nobleſſe Napolitaine. Il y a à Palerme une académie de gens de lettres; & il n'y en a pas une ſeule à Naples, tandis que toutes les villes de l'Italie de quelque conſidération, en ont pluſieurs.

Il y a pourtant deux choſes qui s'oppoſeront perpétuellement aux progrès des ſciences & des arts dans la Sicile: l'une eſt la rage générale, dont les Siciliens ſont dominés, de faire toute leur vie, des ſonnets. Ces gens qui ſont conſtamment occupés à ſe ronger les doigts pour faire un ſonnet ſur un chien qui eſt mort dans le ſein de leur belle, ou un épithalame pour le mariage d'une femme dont ils eſpèrent faire bientôt le mari C..... ne ſont guère propres à faire de grands progrès dans les ſciences & les arts utiles: l'autre grand obſtacle eſt l'Inquiſition. Cet abominable tribunal, compoſé de monſtres ennemis de l'humanité & de toute lumiere, exiſte ici avec tout ſon affreux appareil, tandis qu'il eſt banni à perpétuité du royaume de Naples. Il est dangereux ici, comme partout où ces furies existent, d'avoir le sens commun; & si l'on en a, il en coûte la vie & les biens à celui qui entreprend de le communiquer aux autres.

Les rois d'Espagne envoyoient autrefois, de six en six ans, un visiteur général en Sicile pour s'informer de toutes les concussions & malversations, qui se commettoient par le vice-roi, par les gens de robe, par les gens de guerre & par les officiers du domaine royal; mais tous ces gens, qui se sentoient coupables, gagnoient le visiteur, les uns par l'argent, les autres par les femmes; & à son retour en Espagne il disoit que tout alloit bien: ainsi on a jugé à propos de supprimer les fraix de cette commission. A l'occasion de l'arrivée du visiteur, on faisoit ordinairement le dénombrement du peuple; mais les riches barons du païs qui avoient attiré, par toutes sortes de moyens, quantité d'habitants dans leurs terres, & qui par conséquent devoient craindre qu'on ne les taxât à proportion de l'accroissement considérable de leurs revenus, s'avisèrent enfin de trouver des expédients pour empêcher ce dénombrement; ainsi on n'en a plus fait depuis un certain nombre d'années.

Les rois de Sicile font légats à *latere* nés du saint siège pour cette isle: c'est une humiliation sans doute pour un roi, que d'être légat du Pape. Cependant ce titre lui donne une autorité indépendante & absolue sur le clergé Sicilien, autorité que ce même roi n'a pas sur son clergé du royaume de Naples: car les papes qui prétendoient autrefois être les véritables seigneurs de tous les royaumes Catholiques, parceque J. C. a dit à St. Pierre: *tu es Pierre, & sur cette pierre je bâtirai mon église*, & des royaumes des infidèles ainsi que des hérétiques, parceque St. Augustin dit dans son traité contre les Donatistes, que tous les biens des infidèles appartiennent aux fidéles, les papes dis-je, paroissent se contenter à présent de partager avec les rois la souveraineté, de façon que les rois soient les monarques des laïcs, & les papes les monarques du clergé, qui, dans tous les païs Catholiques, est plus puissant que les laïcs: le comte Roger a arraché ce privilège au pape Urbain II, pour délivrer ses sujets du fléau des légats *à latere Apostoliques*, dont le pere Jean de Salisbury dit l. 6. ch. 24 & l. 15. ch. 16, *qu'ils ne faisoient jamais leur devoir, & que dans les provinces où ils étoient, ils se comportoient de façon, que l'on étoit tenté de croire que tous les diables s'étoient déchaînés, pour y venir porter le ravage & la désolation.* Ainsi en vertu de ce privilège le roi de Sicile est nommé *beatissimo padre*, très-saint père, dans tous les mémoires & placets que l'on présente à son tribunal qui s'appelle le tribunal de la monarchie; & par la voye de ce tribunal, il excommunie, punit, condamne & absout tous les ecclésiastiques de la Sicile, depuis le plus simple prêtre jusqu'aux evêques, aux archevêques & aux cardinaux. Quelque pitoyable qu'il soit pour un prince de n'avoir point de jurisdiction sur ses sujets ecclésiastiques, sans être légat du St. Siége, plusieurs papes de ces derniers tems se sont encore efforcés de priver le roi de Naples de cette commission Apostolique: ils ont prétendu qu'il étoit indécent qu'un roi eut une jurisdiction fur fes fujets & que la Bulle du pape Urbain II. devoit être fauffe. Mais les rois de Sicile ont démontré au St. Siége la réalité de cette Bulle & fe font maintenus dans la poffeffion de leurs droits. Ces monarques durent trouver bien étrange qu'un prince eccléfiaftique, qui poffède presque tout ce qu'il a, en vertu de donations, que tous les bons hiftoriens, tant françois qu'Allemands, & l'abbé *Muratori* lui-même, ont déclaré non feulement fufpectes, mais évidemment fauffes, fe fut avifé de ravir à la monarchie de Sicile, des droits dont elle eft en poffeffion depuis fi long-tems, fous prétexte du défaut d'authenticité d'une Bulle que tout le monde réconnoit pour très-authentique.

Les Napolitains & tous les autres peuples de l'Italie ont mauvaife opinion des Siciliens. On entend répeter à tous les Italiens ce proverbe: *omnes infulani mali, Siculi autem peffimi*: favoir tous les infulaires font mechans; mais les Siciliens font les plus mechans de tous. Des voyageurs modernes font au contraire des éloges des Siciliens. Quant à moi je suis d'avis qu'on pourroit concilier les uns avec les autres. Il y a parmi la grande noblesse des seigneurs d'une probité reconnue & d'une politesse extrême; & ce sont ces seigneurs-là qui se communiquent ordinairement ici aux étrangers: mais le gros de la noblesse inférieure, & ce qu'on appelle ici & à Naples la *Civiltà*, a communément des vices, si on les en croit sur leurs propres rapports, qui ne sont guère ordinaires ailleurs. Les femmes sur tout fournissent à la chronique scandaleuse des anecdotes, dont on retrouve très-peu d'exemples dans les autres contrées d'Italie, & qui sont même entièrement inconnues vers le nord. D'un autre côté on voit ici des exemples de vertus, & principalement d'amitié, de générosité & de grandeur d'ame, qui dans bien d'autres païs ne sont connus que de nom: ce sont des vertus Grecques & Romaines, dont les récits paroissent incroyables à ceux qui ne connoissent pas les Siciliens & deux ou trois peuples libres vers le nord.

LETTRE VINGT-SIXIEME.

Paris le 12. Septembre 1776.

Paris: Promenades: Promeneurs au palais royal, & aux Tuileries: fange & poussière des rues de cette ville: Spectacles: Propriété de l'eau de la Seine: discours d'un médecin sur plusieurs abus contraires à la santé qui regnent dans cette ville. Eglises: Hôtels: Procédure criminelle: suites de cette procédure. Abus.

Je reprens avec un plaisir extrême le cours de notre correspondance, que les voyages que vous avez fait dans cet intervalle, & les courses que j'ai faites de mon côté dans les différentes provinces de la France avoit interrompue. A mon arrivée dans cette ville, j'y ai trouvé deux gentils-hommes napolitains avec leurs femmes qui ne suisoient que d'y arriver, & qui font fortis pour la premiere fois de leur païs, où l'on ignore parfaitement, comme je vous l'ai marqué autrefois, les mœurs & le caractère de toutes les autres nations de l'univers. Comme je connoiſſois déja Paris, j'ai prié ces dames de me permettre de leur fervir ici de Cicéron ; & j'ai débuté dans mon nouvel emploi, par les mener à une heure après midi au Palais royal & aux Tuilleries. Chemin faifant je les prévins qu'elles alloient se promener dans des jardins du roi & du duc d'Orléans, où elles trouveroient quantité de beau monde. Elles me demanderent fi nous fortirions de la ville, & fi j'avois un billet de permiſſion pour entrer dans ces jardins, afin qu'elles n'euſſent pas la honte d'être renvoyées par les fentinelles. Je leur répondis que nous n'étions pas à Naples, où ni le roi ni aucun feigneur n'avoient de jardin dans la ville, & où celui de *Capo di Monte* eſt gardé par des fentinelles qui en défendent l'entrée à ceux qui n'ont pas acheté un billet de permiſſion. Cela les étonna ; mais leur furprife augmenta de beaucoup, quand je leur dis qu'il en étoit de même à Versailles, à St. Cloud, au Luxembourg, & ailleurs. Il n'y a donc point de statues, me repartirent elles, ni de fleurs, ni aucune autre chose à voir dans ces jardins. Oui, Mesdames, il y a de tout cela & des bancs pour s'asseoir. Quoi donc, me repliquerent-elles, est ce que les Parisiens ne volent pas? Ne mettent-ils pas toutes ces statues en pièces & en morceaux? Non, Mesdames, ils ne font que s'y promener. Oh! les bonnes gens que les Parisiens: ils ne volent pas; ils ne brisent rien; cela est surprenant. Tout en faisant ces discours nous descendimes au Palais Royal. A peine y eumes-nous mis les pieds, que voilà une troupe de monde qui nous entoure & qui se met à examiner les Dames depuis les pieds jusqu'à la tête, en fixant sur elles leurs regards sans que rien les en détournât: elles en demeurerent tout interdites: elles se hatent de marcher dans l'esperance de s'en défaire: point du tout: les promeneurs ne nous quittent pas: les uns nous suivent à la piste: les autres marchent à nos côtés;

comme s'ils étoient de notre compagnie: comme je sentois la peine que cela faisoit à ces Dames Napolitaines, je les avertis qu'elles ne devoient pas s'en embarrasser; que c'étoit la coutume ici de fixer les yeux de cette manière sur toutes les Dames; qu'elles n'avoient qu'à lever les yeux, & qu'elles verroient qu'on en usoit de même à l'égard de toutes celles qui s'y promenoient comme elles: je leur montrai Madame la Duchesse de Chartres qui avoit encore bien plus de promeneurs à sa suite & à ses côtés: mais tout cela ne calma point leur trouble: elles voulurent en sortir, & à peine furent-elles dehors qu'elles s'écrierent: ah quelle effronterie! & des gens comme cela ne volent pas? Elles ne vouloient plus aller aux Tuilleries; mais je les y ai mené malgré elles. Là elles se trouveren beaucoup plus à leur aise: il y avoit moins de monde, & ce monde étoit dispersé dans les différentes allées & sous les arbres: cela leur donna du courage: elles commencerent à lever les yeux; & bientôt elles se mirent elles-mêmes à porter leurs regards sur les autres. C'est ainsi que l'on se fait insensible à tout : cette nouvelle hardiesse leur en inspira bientôt une autre : car c'est là toujours la marche de l'esprit humain : elles se mirent à censurer tous ceux qu'elles voyoient ; mais leurs censures portoient prodigieusement à faux : parceque, par exemple, les promeneurs du palais royal les avoient si fort choquées, elles trouvoient que les hommes portoient presque tous sur leurs mines les marques de ce qu'elles appelloient impudence : parceque les femmes Italiennes n'ont guere coutume de se mettre du rouge, & que celles qui en usent ne s'en platrent pas au moins tout le visage, l'enduit des Dames Parisiennes leur paroissoit affreux. Les François, disoient-elles, se vantent dans leurs livres de voyages, que les femmes de Paris sont plus fidelles à leurs maris, que ne le sont celles des grandes villes d'Italie : nous le croyons bien : qui voudroit se donner beaucoup de peine pour débaucher des femmes si horriblement plâtrées de couleur de cuivre. Parceque les abbés de Paris portent une calotte large qui leur couvre tout le derriere de la tête & que leurs cheveux font un saucisson qui borde cette calotte, cette coeffure leur paroissoit choquante. Sur ces entrefaites nous rencontrames fort à propos leur marchand d'étoffes : car elles bruloient de savoir le nom de certaines dames qu'elles voyoient à la promenade; & ce marchand étoit l'homme de Paris le plus propre à satisfaire pleinement leur curiosité: il connoissoit les principales maisons de la noblesse & de la bourgeoise: il savoit une foule d'anecdotes, qui les regardoient; & il se montra surtout fort versé dans la chronique scandaleuse: il nous amusa pendant long tems. Dans le cours de ses narrations il nous fit remarquer des filles entretenues, qui se promenoient avec d'autres filles & femmes de leur caractère; des femmes galantes qui n'étoient accompagnées d'aucun de leur galants, mais seulement de leurs maris, de leurs freres & de leurs plus proches parents. D'où vient cette gêne, lui dirent mes Italiennes, dans une ville si grande & si peuplée? C'est qu'ici, leur repondit il, on aime la décence, & que l'on veut sauver les apparences. Le public, continua-t-il, ne souffriroit pas qu'on se mocquât de lui,

& que des particuliers ofassent fouler aux pieds, à la vue de tout le monde, des loix qui font faites pour tous, & les règles de la décence qui font le réfultat de la façon de penfer que les habitants d'un païs ont généralement adoptées. Se mettre, fous les yeux de tout un public, au deffus de ces loix & de ces règles, c'eft reprocher à tous les autres concitoyens leur folie & leur impuiffance. Mes dames qui n'avoient encore rien vu de pareil en Italie, trouvoient que ce raifonnement étoit trop fubtil; que les françois étoient trop foupçonneux, & qu'une dame Italienne feroit mal de paffer la fleur de fon âge à Paris. Au gré des Italiennes, la décence ne vaut pas la gêne.

Au fortir des Tuilleries, nous nous promenames en voiture par les rues: les unes étoient toutes pleines de boue: dans les autres la pouffière nous étouffoit. Quel pavé, s'écrioient mes dames à tout moment! Quelle malpropreté! Quelle vilainie! y a t-il encore une autre ville dans le monde qui foit auffi fale, que celle-ci. Mais voyez un peu ces élégans qui vont à pied: regardez moi ces hommes en bas blancs & en habits galonnés par cette pouſſiere : voyez ces autres pédants en habit noir avec leur perruque à trois marteaux : voyez comme ils vont tous ſur la pointe du pied pour ſe défendre de la crotte ! hélas quels ſauts, quelles gambades ! c'eſt le contraſte de la mesquinerie avec le faſte ! apparemment qu'ils veulent faire accroire, dans les maiſons où ils arrivent, qu'ils y ſont venus en caroſſe. Ce ſont donc-là les belles modes de Paris. Par cette boue & par cette pouſſiere pourquoi ne s'habille-t-on pas en conſéquence ? Courir à pied & faire des ſauts pareils avec une perruque à trois marteaux, avec des bas blancs & des habits galonnés, pas des rues ſi vilaines, cela a-t-il le ſens commun ?

Le jour ſuivant j'ai mené mes Italiens aux ſpectacles en commençant par la comédie françoiſe : c'étoit juſtement un beau jour : car à Paris il y a de beaux jours pour tout, pour la comédie Françoiſe, pour la comédie Italienne, pour l'opéra, pour les promenades aux Tuileries, pour celles des Boulevards &c. Tous les bons acteurs jouerent ce jour là: ainsi ce spectacle fit sur ma compagnie tout l'effet qu'il devoit. Les dames surtout trouvoient que tout étoit excellent: on ne voit rien de si beau en Italie, me disoient-elles à tout instant: oh que nos comédiens sont détestables en comparaison de ceux-ci. Quand nous serons de retour en Italie, nous n'irons plus à la comédie que pour faire huer nos acteurs. Mais de tems en tems elles se sentoient saisies de pitié pour les gens qui étoient au parterre: elles trouvoient que c'étoit bien inhumain à cette nation qui, dans ses livres, prêche tant l'humanité & vante si fort sa politesse, de faire rester debout, pendant trois heures, tant de monde qui y vient tout crotté & les pieds tout mouillés, & de l'envoyer ensuite se crotter encore avec ses bas blancs, ses habits galonnés & ses perruques à trois marteaux. Cependant la comédie les avoit si fort enchantées, qu'elles voulurent y retourner le lendemain, quoique ce ne fut plus un beau jour & que je les avois averties que les bons acteurs n'y joueroient pas. En effet la doublure ne les satisfit pas; elles trouvèrent que plufieurs de ces acteurs ne valoïent pas beaucoup mieux que ceux de l'Italie; mais ce ne fut pas cela qui les choqua le plus: on donna malheureufement ce jour-là une comédie larmoyante, qui les fit pleurer malgré elles : elles étoient venues pour rire & la comédie leur arracha des larmes: ce qui leur faifoit dire à tout moment, que c'eft fe mocquer du monde que de donner des comédies qui font pleurer. Quel mauvais goût, quelle extravagance, s'écrioient-elles: va t on jamais au théâtre pour pleurer fur des avantures bourgeoifes? Il falloit annoncer une tragédie & nous aurions répandu des larmes de bon cœur; mais quand on va voir une repréfentation de mœurs bourgeoifes, on y va pour s'égayer; on s'y attend à des tableaux de vices, qui font rire, & non à des peintures de crimes qui font horreur. Pour les tranquillifer un peu je m'efforçois de leur faire accoire que ce nouveau genre n'étoit point auffi vicieux qu'elles le croyyoient; & je leur promis de leur faire lire des brochures où on le juftifioit; mais elles m'impoférent filence en me difant qu'elles ne vouloient point perdre leur tems à lire des chofes contre le fens commun.

Une autrefois nous allames à l'opéra. Là tout déplut à mes Italiens, excepté les décorations & les ballets. La piéce étoit à la vérité de *Métaftafe* : mais la traduction l'avoit défigurée : il y manquoit abfolument tout ce qui fait le charme de la poëfie de *Métaftafe*, tout ce qui opère fur le cœur & fur l'imagination des hommes ces effets prodigieux qu'elle produit fur les Italiens. La mufique étoit d'un maître qui a fait de très-belles meffes & peu de bonne mufique de théâtre. Auffi, auroit-on dit que la mufique de cet opéra n'étoit qu'une belle meffe pour les morts, dans le goût de celles que l'on entend communément dans les églifes d'Italie. L'orcheftre très nombreux ne faifoit entendre que de mauvais violons qui étouffoient le petit nombre des bons inftruments & de ceux qui jouoient bien. Les chanteurs & les chanteufes les ennuyoient par leurs afféteries, & plus encore par leur ignorance totale du chant & de la mufique : en effet il n'eft pas supportable dans un grand opéra, d'entendre chanter des gens qui ne savent pas chanter. Enfin ma compagnie sortit de l'opéra très mécontente & très résolue de ne remettre plus le pied dans cette sale. Lorsque nous fumes rentrés chez nous, je leur fis voir un traité sur le *Mélo drame*, en les priant de le lire pour voir si la musique à laquelle ils étoient habitués ne leur avoit pas dépravé le goût, & si la musique françoise n'étoit pas du moins plus raisonnable que l'Italienne; mais on se mocqua de moi; & on me dit que l'oreille ne lit point, & que le sentiment n'écoute point de raisonnements. Depuis ce tems les dames Italiennes s'imaginèrent que les spectacles françois avoient un autre inconvénient, qui étoit celui de devoir, à la longue, ennuyer le beau sexe: dans ces théâtres, disoient-elles, on est comme en prison: les dames n'y reçoivent point de visites comme chez nous: elles n'y voient pas leurs connoissances, leurs amis, leurs adorateurs: on ne peut pas y causer, jouer, badiner, souper, ni prendre aucune autre espèce de divertissement: tout le plaisir se reduit à prêter son attention pendant trois heures de fuite. Cela est bon pour une fois ou deux ; mais il faut enfuite de la variété, fans quoi on s'ennuie à la mort. D'ailleurs quelles fales & quelles loges que celles de Paris, pour des gens accoutumés aux théâtres d'Italie ? Ces fales font des jeux de paume, ces loges des antres d'hommes fauvages.

Après avoir féjourné quelques jours dans cette ville, nous fumes tous attaqués, hommes & femmes, d'un terrible flux de ventre. Quant à moi, je m'y attendois bien, puisque l'eau de la Seine m'avoit fait autrefois ce même effet. Mais les Italiens qui étoient venus pour la premiere fois à Paris, en furent fort furpris, & eurent peur que la maladie ne devînt dangereuse : on appella un médecin qui les raffura, en leur difant que cela n'iroit pas plus loin ; que tous les étrangers qui boivent de cette eau, doivent paffer par là, mais qu'ils s'en trouvent après d'autant mieux. Il falloit alors entendre ces Italiens déclamer contre l'eau de la Seine. Quoi, difoient ils, les Parifiens boivent de cette vilainie qui donne des tranchées, la colique, la diarrhée, toute filtrée qu'elle est? Nous avons bien raison, nous autres Italiens, de faire venir à grands fraix, par des aqueducs, des eaux pures, dégagées de toutes ces matieres hétérogènes, qui changent ici l'eau en boisson purgative. Comment se peut-il faire qu'un peuple si poli & qui se pique si fort de propreté, puisse s'habituer à avaler tous les jours, plusieurs verres d'ordures ? & à quoi sert-il de filtrer cette eau, si on ne peut point parvenir à en séparer les vilainies qui en font une médecine ? Le médecin leur accorda, qu'ils avoient raison; mais, ajouta-t-il, nous autres médecins nous n'aimons pas d'inquiéter ni la police ni les habitants de Paris pour de pareilles bagatelles: nous souffrons bien d'autres abus d'une plus grande conséquence, sans nous en inquiéter le moins du monde, & sans faire là-dessus les moindres rémontrances ni aux magistrats ni au public: vous seriez bien autrement étonnés, vous qui venez d'Italie, si vous alliez visiter nos hôpitaux tant à Paris que dans les autres villes de la France; vous y verriez les malades presque entassés les uns sur les

autres

autres à quatre ou cinq dans un lit, qui se communiquent succeſſivement leurs maladies les uns aux autres, qui s'empêchent mutuellement tout repos, & qui s'entretuent ſi bien que c'eſt un prodige ſi quelcun à le bonheur d'échapper. Notre nation eſt charitable: elle veut ſecourir tous les malades; & comme il n'y a pas aſſez de lits pour tant de monde, nous aimons mieux occaſionner la mort de tous ceux qui ont beſoin de ſecours, que d'en ſauver une partie au préjudice de l'autre. Il eſt vrai qu'avec trente deux millions de revenus qu'ont tous nos hôpitaux de Paris enſemble, on pourroit augmenter les maiſons de charité & le nombre des lits, ſi cet argent étoit bien adminiſtré; mais les perſonnes par les mains desquelles paſſe tout cet argent, ſont à portée de voir mieux que le reſte des hommes, combien il importe de ſe mettre à l'abri de la pauvreté.

Tout cela n'eſt encore rien, en comparaiſon de ce que je vais vous dire. Les trois quarts des habitants de la ville ont la coutume de mettre leurs enfants en nourrice hors de leurs maifons. Les femmes d'une condition aisée évitent cet inconvenient autant qu'elles peuvent, foit en les allaittant elles mêmes, ou en les faifant élever fous leurs yeux: mais les autres aiment mieux s'occuper à gagner de l'argent en faifant quelque métier, ou à vivre agréablement qu'à foigner & à nourrir leurs enfants: la plupart des nourrices font des femmes d'une fanté presque toujours gâtée, fans mœurs, fans aucun principe d'humanité, qui ne courent qu'après le gain, & n'ont aucun foin de leurs nourriçons; elles leur donnent, la plupart du tems, de mauvais lait, & les font encore presque mourir de faim: elles les frappent & les grondent continuellement: elles les tiennent enfermés, ou les abandonnent à des enfants qui les maltraitent & les laiffent tomber vingt fois le jour, pour employer tout leurs tems à faire d'autres métiers: c'eft pour cette raifon que vous voyez dans cette ville, une fi grande quantité de perfonnes, dont les unes paroiffent des cadavres ambulants, & dont les autres ont des mines qui femblent refpirer la St. Barthelemy.

Les magiftrats & les princes qui fe

donnent la peine de faire tous les jours tant d'ordonnances fur des chofes qui ne valent pas la peine qu'on y penfe, devroient fonger à ftatuer des punitions févères contre les nourrices qui gâtent les enfants. Un affaffin, un voleur de grands chemins, ne peut pas faire, à beaucoup près, autant de mal, qu'en peut faire une feule de ces femmes qui fait le métier de nourrice. Cependant il y a des potences & des roues pour les uns, & il n'y a que des falaires pour les autres. Mais nous ne faifons que rire en fecret de ces défordres; & nous nous gardons bien d'en parler aux magiftrats: comme nous nous gardons auffi de faire des réglements pour empêcher nos badauds de Paris d'aller habiter des maifons nouvellement bâties, où l'humidité du plâtre les fait mourir comme des mouches: car il eft de notre intérêt que la ville foit remplie de cadavres vivants, & qu'il y ait toujours beaucoup de maladies lentes & chroniques. Après cela ce zélé médecin nous confeilla de boire de l'eau de Briftol, au lieu de l'eau medecinale de la Seine, & il s'en alla.

Après que nous fumes rétablis de notre diarrhée, nous allames voir ce que cette capitale renferme de plus beau en architecture, en peinture & en sculpture. Nous vimes les plus considérables églises dont les plus belles sont d'une architecture gothique ; & les plus jolies ne laissent pas d'avoir beaucoup de défauts qui choquent le goût de ceux qui sont accoutumés aux églises d'Italie. Cependant nous avons eu lieu d'admirer, dans quelques unes, de grandes beautés de détail, comme par exemple, à notre Dame, à l'hôtel des Invalides, au val-de grace, chez les religieuses Carmélites, aux Célestins, à la Sorbonne où l'on voit la fameuse statue du cardinal de Richelieu faite par *Girardon*. Nous arrivames dans plusieurs églises dans le tems que l'on y faisoit des fonctions ecclésiastiques. Pour lors il fallut se sauver ; car mes Italiens accoutumés aux musiques théatrales de leurs églises, ne purent soutenir le chant rauque des prêtres françois. En faisant la visite des églises, nous passames devant quantité de beaux hôtels dont chacun est bâti au fond d'une cour, & caché derriere une muraille, ce qui faifoit encore beaucoup rire nos Italiens. Je ne vous parlerai ni du Louvre, ni du Luxembourg, l'unique édifice de cette capitale qui ait l'air d'un palais, ni du palais Royal, ni de l'hôtel du prince de Condé, ni de quelques autres bâtiments eſtimés, puiſque vous ſavez vous-même ce que l'on y admire & ce que l'on y trouve à critiquer.

Nous avons été pluſieurs fois au Palais où s'aſſemble le Parlement, non pour confidérer l'édifice où il n'y a rien de bien important à voir, ſurtout après l'incendie de cette année qui en a confumé une grande partie, mais par pure curiofité. Nous y allames une fois pour voir exorciſer, dans la ſainte chapelle, des gens qu'on diſoit poſſédés: mais ma compagnie fut très ſurpriſe de voir cette cérémonie à Paris: ils avoient meilleure opinion des François. Une autre fois nous y fumes pour entendre plaider les avocats. Les Italiens qui jusques là n'avoient encore connu que les abſurdes ſottiſes & les indécentes déclamations des Scapins d'Italie, qui s'appellent avocats, furent enchantés de voir la décence, la gravité & la noblesse que les avocats de Paris mettent dans leurs déclamations, d'entendre la force de leurs raisonnements & l'éloquence qu'ils savent déployer. Il faut avouer, disoient-ils, que nos Docteurs sont des jongleurs & des bêtes insupportables: cependant nous avons cru jusques à présent que c'étoient de grands hommes & des prodiges de science: voilà jusqu'à quel point on peut se tromper. Nous entendimes plaider, entre autres causes, celle du maréchal duc de *Richelieu* avec Mme. de *St. Vincent*, sa parente, qui est la cause du monde la plus compliquée & la plus remplie de fourberies, de malhonnêtetés & d'impostures: je demandai à une personne, qui en devoit être des mieux instruites, de quel côté, selon lui, étoit la raison: il me répondit que tout étoit encore fort embrouillé, & qu'on ne pourroit prononcer que sur de simples conjectures: il n'y a pas d'apparence, ajouta-t-il, que ce procès soit jamais bien décidé: si le duc a raison, on ménagera sa parente: s'il a tort, on ménagera le duc.

D'ailleurs depuis quelques centaines d'années, il n'y a point d'exemple dans la monarchie françoise qu'un duc & pair ait fuccombé dans une affaire criminelle qui lui ait été intentée par des particuliers : car on a toujours trouvé qu'ils avoient été accufés à tort. Nous avons vu plaider devant ce même parlement, il n'y a pas long-tems, une caufe où un pair a été accufé de vexations, de violences, de malverfations, de trafic de juftice, d'empoifonnement, & de pareils autres crimes énormes; mais on a trouvé de même qu'on lui avoit fait tort. La jurisprudence criminelle de ce royaume a des défauts qui peuvent donner lieu à des étranges abus. Elle permet, dans certains cas, d'emprifonner les perfonnes fur de fimples accufations, & de les retenir en prifon, auffi long-temps que l'on veut, & même pendant toute leur vie, fans qu'on foit obligé de leur faire jamais leur procés, ni même de leur laiffer feulement foupçonner la caufe de leur détention. Le nouveau miniftére a remis en liberté un nombre prodigieux de perfonnes, qui dans les temps passés avoient été fourrées & retenues pendant long-temps en prison, sans qu'on a jamais songé à instruire leur procés, ni à les emmener devant les juges. A cet égard la jurisprudence Françoise est différente de celle de tous les autres païs de l'Europe: car quoique, depuis plusieurs années, le ministre de Portugal continue à faire emprisonner bien du monde, il n'y a pourtant personne qui ne soutienne qu'il le fait contre les loix du royaume & qu'il exerce, au nom de la couronne, des droits illégitimes. Cependant il n'usurpe ce droit que sur les personnes qu'il soupçonne capables de s'opposer à ses vues au sujet des affaires de l'état, au lieu qu'en France le ministere passé a pretendu exercer ce droit contre toute sorte de personnes pour toute sorte de raisons. Outre cela les instructions des procés criminels se font dans ce royaume toujours en secret: un petit nombre de juges & le plus communément un seul reçoit les accusations, & les dépositions des témoins, interroge le prévenu, assiste aux confrontations, decerne la question & porte la sentence: cette pratique, quoique commune à toute l'Europe, hormis l'Angleterre, ne laisse pas que d'être très pernicieuse; parcequ'elle donne aux juges tous les moyens de diriger, ou instruire un procès à leur gré, soit pour absoudre les criminels, soit pour condamner les innocens: & s'il y a des païs, où les juges sont ordinairement assez honnêtes pour ne pas abuser de cette pratique exécrable, il y en a d'autres, où l'argent, les femmes, les cabales, les intrigues, les menaces & les promesses des grands, ébranlent les juges qui passent pour les plus honnêtes & les plus portés pour la justice. S'il est vrai que les François ayent beaucoup aimé autrefois la franchise & la gayeté, & s'il ne faut pas croire plûtôt, que le reste de la nation se soit attribuée sans fondement deux qualités particuliéres aux Gascons, aux Languédociens & à leurs plus proches voisins, il me semble que l'on pourroit regarder l'abus que l'on a fait, de cette jurisprudence avant ce régne, comme une des principales raisons du changement, qui s'est fait dans le caractère des François: car on ne rit plus à Paris, ni dans le reste de la France, & l'on ne voit plus des traces de l'ancienne naïveté que chez les compatriotes de Montagne, de la reine Marguerite & de Henri IV. & chez leurs voisins.

Les François connoissent eux-mêmes, mieux que tout autre, les abus qui regnent chez eux, aussi bien que les effets funestes qui en résultent: ils les sentent si bien qu'on ne peut entendre, ni lire rien de plus frappant & de plus éloquent que ce qu'ils disent & écrivent eux-mêmes sur ces sujets. Mais il y a apparence que ces abus ne se réformeront jamais: car comme cette nation industrieuse & ingénieuse sait tirer parti de tout, il n'y a pas un seul abus, dont nombre de personnes ne tirent de grands avantages au préjudice du public: or les cris & les intrigues de ces personnes prévaudront toujours contre les livres des particuliers, que les gens en place n'ont pas le temps de lire, & contre les vœux du public, qui n'a personne qui soit authorisé à donner pour lui à ces vœux le poids qu'il leur faut pour les faire valoir. On en a eu un exemple ici au commencement de cette année. Lorsque Mr. Turgot entreprit, par l'autorité du roi, d'abolir dans tout le royaume les corvées, on pouffa ici de cris fi horribles, qu'un étranger, qui n'auroit pas connu la vivacité de cette nation, auroit pu s'imaginer qu'il ne s'agiffoit pas de moins que d'abimer tout le royaume. Ainfi Mr. Turgot fut renvoyé dans le temps que tout le refte de la nation s'occupoit à rendre graces pour l'abolition des corvées, qui furent bientôt après rétablies par provifion.

LETTRE VINGT-SEPTIEME.

Paris le 18. Septembre 1776.

Multitude de journeaux: caractère de certaines espèces de savans: leur mérite. Censure de livres. Etat actuel des Protestans en France: leurs mariages. Mr. Calmer Juif allemand Vicomte d'Amiens & Seigneur de Picquigny. Cérémonie du pain béni: Fêtes. Clergé: Moines: Revenus de la couronne: impôts: fermiers, & leurs commis. Amusemens publics. Police.

Paris est la ville du monde où il se fait le plus de journeaux: journal des savants, journal des sciences & des beaux arts, journal politique & littéraire, journal de théâtre, journal des Tribunaux, Année littéraire, Mercure de France &c. Cependant sans les colporteurs, les Parisiens n'auroient pas la moindre connoissance d'une quantité de livres importants qui s'impriment dans les païs étrangers, en France & même à Paris: les journalistes n'achetent point les livres qui ne sont point pour eux: les libraires ne se soucient pas non plus de leur en faire présent; & les bienfaiteurs, qui les achetoient pour les leur communiquer, ont disparu. Ce n'est pas tout. Comment faire mention de certains livres que le gouvernement, le clergé, les moines, les financiers, une certaine cabale de gens de lettres, le public enfin ne trouveroient pas de leur goût ? En donner des extraits c'est les approuver: les censurer à tort & à travers, le bon sens, l'honnêteté & la conscience ne le permettent pas: ainsi à tout prendre, les colporteurs sont plus nécessaires, que les journalistes, pour ceux qui veulent connoître tout ce qui paroit de nouveau. Ce préambule me meneroit naturellement à vous parler des gens de lettres & des savants de cette ville; mais je ne suis ni assez instruit, ni assez habile pour vous en donner des détails qui puissent vous intéresser: j'ai consulté là dessus les gens de lettres eux-mêmes, & j'ai noté, comme font tous les voyageurs, les résultats de toutes les informations qu'ils m'ont données, & même de toutes les anecdotes qu'ils m'ont racontées. Plusieurs de ces anecdotes sont très curieuses, mais en même tems très humiliantes pour la philosophie moderne. Il y a de quoi rougir également soit qu'elles soyent vraies, soit qu'elles soyent fausses; dans le premier cas pour la réalité, & dans le second pour la méchanceté de ceux qui les ont imaginées. Cependant le fond de ces informations que l'on m'a données, n'est que confusion & contradictions: à en croire les informations des uns, on ne devient savant & homme de lettres ici que par cabale; on remporte tous les prix par intrigues: en faisant sa cour à ceux de la cabale, on peut écrire les livres les plus sots, les plus remplis de fadaises, les plus inutiles, & passer pourtant pour un auteur solide; avoir le stile le plus guindé, le plus déclamatoire, le plus enflé, le plus dégoutant, & se faire pourtant prôner pour un écrivain d'une noble simplicité; gâter toute la vérité de l'histoire, en ôter tout l'intérêt naturel par de faux ornements dictés par une imagination déréglée ; substituer des faussetés ingénieuses à des recits surrannés mais vrais, & se faire la réputation d'un historien uni & sincère: on peut faire des vers pitoyables, detestables même & passer encore pour un très bon poëte. Mais si je fais le résumé des informations de nombre d'autres, tout ce que je viens de dire est faux, & c'est le mauvais goût, la rage & l'envie qui m'ont tenu ces propos. Quoiqu'il en soit, s'il est vrai qu'il se fasse des cabales, qu'il se commette des impostures & des malhonnêtetés, & que l'on cherche à se faire un nom par des bassesses, des flatteries & des intrigues, il n'y a que les libraires qui en soient les dupes; car le public ne l'est certainement pas. On connoit assez ici les mauvais auteurs, & on sait assez bien les discerner à travers tous les éloges, les prix & les protections que des gens de goût leur accordent soit par bonté ou par malhonnêteté. Les étrangers s'en laissent encore moins imposer. On est assez bon, à la vérité, dans les païs étrangers pour accueillir, rechercher même avec empressement, tous les livres bons & mauvais qui s'impriment en France : mais on s'en dedommage assez par le plaisir, que l'on prend après, à censurer cruellement les ouvrages que l'on trouve ne pas répondre à la réputation mal acquise, à la promesse & à l'entreprise de leurs auteurs. L'Allemagne & la Hollande sont les païs où les livres François ont le plus de débit. Les réfugiés François ont introduit les premiers dans ces contrées le goût de la littérature Françoise ; & les savants de cette nation y nourrirent & étendirent ce goût pendant long-tems, par des ouvrages d'un mérite singulier qu'ils publierent en tout genre. Mais comme toutes les choses de ce monde passent continuellement d'un état à l'autre, & qu'après être montées au point de leur perfection, elles commencent à décheoir, les étrangers ne sentent que trop que cette révolution est déja arrivée & même fort avancée en France. Cependant on convient assez qu'il reste encore quelques génies propres à soutenir l'ancien éclat de la nation & à reculer la chute générale des fciences qui paroit la menacer. Outre cela il y a grand nombre de perfonnes inconnues dans la république des lettres, parcequ'elles n'écrivent point, & qu'elles ne font d'aucune cabale, & ne font leur cour à perfonne; mais qui d'ailleurs ont des connoiffances profondes, le tact fin, la façon de penfer très jufte. Ceux-ci ne font pas moins propres à empêcher que le méchant goût des fades déclamations, des poëmes ampoullés, des hiftoires farcies de contes & d'ennuyeufes morales, des traductions infidèles, de la fauffe littérature, du faux brillant, du petit bel efprit, ne puiffe trop aifément empoifonner tout le monde. Le romanesque & le gigantesque ont dans tous les tems & chez tous les peuples, chez les Grecs comme chez les Romains, à Conftantinople comme à Florence, annoncé la décadence prochaine des fciences & des arts. Les Hollandois, qui viennent à Paris, trouvent que ce goût a commencé à s'introduire en France déja du tems de Louis XIV: ils en alléguent pour preuves les infcriptions de la porte St. Denis, & celles qui se lisent sur le piedestal de la statue de ce roi dans la place des Victoires. Ce sont là leurs affaires: mais que dites-vous de cette expression, *madefacta Batavorum gente*, qu'on lit dans une inscription de la porte St. Denis: pensez-vous que l'académie des inscriptions & belles-lettres auroit dû garder le silence sur une expression à la fois si burlesque & si peu latine? Il y en a bien d'autres pareilles.

Les censeurs des livres à Paris sont les plus raisonnables & les plus équitables de toute la Catholicité. Il y a eu un tems où des magistrats hypocrites, detestés à présent de la cour & de la nation, se sont efforcés de marcher sur les traces de l'inquisition, & d'éteindre, par le moyen d'une stupide censure, toutes lumieres en France, pour aider des moines, auxquels ils s'étoient vendus, à se soutenir & à s'élever dans les ténèbres; mais ce fléau est passé. Il y a actuellement deux sortes de censures: l'une accorde expressément son approbation aux livres qu'on veut faire imprimer: l'autre permet

qu'on imprime, fans nom du lieu ni du libraire, les livres qui, fans être du goût des fots & des fourbes, n'attaquent ni la religion, ni le gouvernement, ni les bonnes mœurs. Bien des libraires fe permettent encore d'imprimer des ouvrages plus hardis; & le plus fouvent ils le font impunement, le gouvernement fe contentant de fletrir l'ouvrage fans inquiéter l'auteur, ni le libraire, ni les colporteurs. On vend aſſez publiquement, dans bien des endroits & chez pluſieurs libraires, des livres qui ont été, dans le tems, défendus par le parlement, & honnorés des cenſures de la Sorbonne, & des cris des moines. C'eſt ainſi qu'on vend ici, chez tous les bouquiniers, l'Hiſtoire de l'ancien gouvernement par Boulainvilliers, où l'on trouve, entre autres, ce paſſage: ,, Louis XIII ſe bou-
,, choit les oreilles de ſes deux mains,
,, quand on oſoit lui citer quelques
,, droits établis ou quelques privilèges,
,, & demandoit en criant à tue-tête,
,, ce que c'étoit un privilége contre
,, ſa volonté. Louis XIV n'en a laiſſé
,, ſubſiſter aucun. Le gouvernement a

„ dégénéré, dans les derniers tems, à
„ un despotisme si outré, que toute la
„ fortune de la nation est devenue la
„ proye du pouvoir arbitraire, lequel
„ l'a si fort avilie, qu'il seroit difficile
„ d'y trouver un seul François digne
„ du nom de ses peres." En effet sous
un bon roi, de pareilles satires contre
les mauvais gouvernements des tems
passés, tournent indirectement à la
louange du gouvernement actuel.

Je viens de lire dans le journal des
tribunaux un fait qui me surprend. Le
parlement de Toulouse, le même qui a
servi avec tant de rigueur, il y a quelques
années, contre les malheureuses familles des Calas & des Sirvens, a prononcé, depuis peu, un arrêt qui declare
valides, quant aux effets civils, les mariages des protestans bénis au désert.
Vous savez, Monsieur, que depuis la révocation de l'édit de Nantes, les protestans
sujets du roi, sont obligés de célébrer
leurs mariages en face de l'église catholique, & que s'ils ne le font pas, le gouvernement ne regarde leurs mariages que
comme des concubinages, desorte que les
parents Catholiques les plus éloignés peu-

vent réclamer la succession des personnes mariées au désert, à l'exclusion des enfants issus de ces unions. Les parlements de quelques provinces ont commencé, depuis peu, à sentir les inconvénients de cette terrible jurisprudence. Ainsi le Parlement de Bourdeaux entreprit, l'année passée, de décider que les mariages bénis au désert étoient valables quant aux effets civils : la partie catholique, qui avoit d'abord disputé aux enfants issus d'un pareil mariage la succession de leur pere, acquiesça à cet arrêt & la chose en demeura là. Le parlement de Touloufe a imité, cette année, au sujet d'un procès de la même nature, l'exemple du parlement de Bourdeaux; mais la partie catholique n'en fit pas de même : elle appella au Conseil du roi ; & ce Conseil vient de prononcer que ces mariages sont nuls à tous égards, & que les enfants qui en sont issus, ne sont que des bâtards qui n'ont aucun droit à la succession de leurs parents. C'est donc le destin du parlement de Touloufe que ses arrêts sur les affaires des protestans, soient toujours annullés par le conseil du roi, soit que ces arrêts foient favorables aux protestants, ou qu'ils leur foient contraires. Le fort des Protestants est bien triste dans ce pays-ci : ils ont toujours été & ils font encore aujourd'hui la partie la plus industrieuse, la plus opulente, & par conséquent la plus utile des fujets du roi : cependant plus de deux millions d'habitants, les plus nécessaires au royaume, n'ont aucun état civil dans ce même royaume, tandis qu'une multitude de moines, qui déclarent hautement qu'ils ne veulent rien faire pour le bien de la société civile, & que c'est là leur vocation, jouissent, préférablement à tous les autres, de tous les avantages de l'état. Les pauvres Protestants qui ont d'ailleurs la meilleure conduite qu'il foit possible d'avoir dans un tel païs, & qui ont une excellente morale, font reduits ici, à ne pouvoir fe marier légitimement, qu'au moyen de quelqu'imposture. Les uns gagnent à force d'argent le curé de leur paroisse, pour en tirer une fausse attestation qu'ils ont célébré leur mariage en face de l'église, tandis qu'un de leurs ministres les a unis secrétement dans un endroit écarté, ce qu'on appelle ici se marier au desert. Les autres entreprennent de subjuguer pour quelque tems leur conscience, en se mettant à fréquenter les églises catholiques où ils assistent à des fonctions qu'ils abhorrent, entendent le catéchisme & le prône dont ils se mocquent, vont confesser au curé des péchés qu'ils imaginent à leur gré, reçoivent la communion qu'ils se proposent de quitter bientôt, & qu'ils quittent en effet dès qu'ils sont mariés, en maudissant le curé & toutes les hypocrisies auxquelles il les a forcés. Un membre éclairé & sage du clergé séculier de France a publié, depuis peu, deux brochures où il fait voir avec évidence qu'il importe également à la religion & à l'état, de légitimer les mariages des Protestants & de leur assurer un état civil: une grande partie de ses confrères sont du même sentiment. Le gouvernement lui-même paroit fort disposé à lever ce grand inconvénient; mais les moines, les bigots & leur dévots crient de toute leur force pour empêcher qu'on ne procure ce bien à l'état. Ils prétendent tenir enchaîné le roi par le serment qu'on lui fait prêter à son sacre, de s'opposer aux hérésies, & d'exterminer (notez la douceur de l'expression) les hérétiques. C'est ce que vient de faire un Jacobin dans une brochure aussi mal écrite, aussi mal raisonnée & aussi pleine de cris de tocsin, qu'on peut l'attendre d'un moine. La formule du serment, dont je viens de parler, fait la principale base des principes d'intolérance qu'il y rechauffe contre les principes de tolérance que son adversaire a établi avec tant d'équité & de sagesse. Ce moine pensoit peut être que les magistrats séculiers ignorent que les théologiens ont imaginé mille moyens d'éluder les sermens, & que la loi de la nature, plus forte que toute leur théologie, anéantit tous les sermens contraires au bien public. On a rétranché de ce serment d'autres formules & d'autres chefs, pourquoi ne pourroit-on pas en rétrancher de même celui, qui concerne les hérétiques: & pourquoi faut-il y laisser ce mot *exterminare*. Le roi & les ministres pensent à cet égard bien autrement que les moi-

moines. Une fausse théologie n'a ni étouffé ni corrompu dans leurs cœurs les sentiments de la nature. Les loix dures des tems passés ne sont plus si exactement observées. Le roi vient d'en donner un exemple frappant en créant M. *Necker*, Genevois de Nation & par conséquent Protestant, son conseiller des finances & directeur du trésor royal, choix qui prouve que le roi fait plus de cas du bien de son état, que des clameurs des devots. Si l'on continue à refuser aux protestants un état civil, parceque l'on s'imagine que les circonstances actuelles ne permettent pas d'en agir autrement, on les laisse du moins, presque généralement, dans une espèce de repos. Je dis presque généralement, parcequ'il y a pourtant par çi par là quelques curés, quelques évêques, quelques intendants, qui, sans les persécuter selon toute la rigueur des loix, ne laissent pas de les chicaner & même de les tourmenter. En parcourant les provinces les plus voisines de cette capitale, j'ai appris que dans une de ces provinces l'intendant avoit envoyé la maréchaussée dans un village avec ordre d'en chasser

Tome II. R

les Protestants qui s'y étoient assemblés un jour de dimanche, pour faire dans une maison leurs prieres ordinaires ; & qu'il a fait menacer les galeres au pasteur & la prison à tous les autres, en cas qu'ils continuassent leurs assemblées soit dans les maisons ou en plein air dans des lieux écartés. Dans d'autres endroits les curés ne les laissent pas seulement mourir en paix ; car ils se tiennent continuellement à côté de leurs lits, où ils ne cessent de les presser de se confesser & de communier & ils ne quittent les malades, qu'après que leurs vicaires sont venus les relever; qui demeurent à leur tour auprès des malades jusqu'au retour du curé. Si le malade s'avise de faire fermer la chambre, soit pour pouvoir arranger tranquillement ses affaires, soit pour se reposer ou prendre de la nourriture ou des médecines, ou enfin pour quelque autre motif que ce soit, le curé demande impérieusement qu'on lui ouvre, & en cas de refus il fait enfoncer la porte. D'ailleurs vous avez vu par ce que j'ai eu l'honneur de vous rapporter ci-dessus, que malgré toute l'indulgence qu'on a pour les Proteſtans, ils ne jouiſſent pourtant d'aucun état civil, & qu'aux yeux du Gouvernement tout Proteſtant n'eſt qu'un bâtard qui n'a ni pere, ni mere, ni parents. Après ce que je viens de vous dire, au ſujet des Proteſtans, croiriez vous que les Juifs puiſſent jouir de preſque tous les avantages dont les loix ont privé les premiers. Les mariages des Juifs ſont ici très valides: leurs enfants ſont très légitimes: leurs teſtaments & leurs loix ſur les ſucceſſions ſont à l'abri de toute atteinte. Rien ne les empêche de jouir dans ce royaume de tous les priviléges des ſujets catholiques, pourvu que le roi leur veuille accorder des lettres de naturaliſation. La ſeigneurie de Picquigny, qui appartenoit auparavant au duc de Chaulnes, & qui eſt une des plus conſidérables terres de la France par les prérogatives qui lui ſont attachées, par le nombre d'habitants qu'elle contient, par la quantité de paroiſſes & de fiefs qui en relevent, appartient actuellement à un juif Allemand venu de Hollande, & le ſieur *Calmer*, qui eſt cet heureux Hébreu, y exerce tous les droits qu'avoit exercé avant lui le duc de Chaulnes: il confére, à qui bon lui semble, les cures qui en dépendent, & il crée des chanoines dans l'église episcopale d'Amiens dont il est Vicomte.

Dimanche passé j'ai assisté à une cérémonie ecclésiastique que je n'avois encore vu nulle part hors de la France: c'est celle de présenter le pain béni. Tous les habitants de la France sont obligés de rendre dans leurs paroisses, chacun à son tour, le pain béni. On prétend ici que le pain béni a succédé aux anciennes Eulogies, qui étoient une portion de la consécration que l'Evêque envoyoit aux curés en signe d'unité. Dans l'origine ce pain étoit une offrande volontaire; mais dans la suite on l'a rendue nécessaire, en usant de rigueur contre tous ceux qui refusoient de le présenter. Depuis ce nouveau réglement on a fait de cette cérémonie un spectacle de vanité & un objet d'intérêt. Les curés & les marguilliers ne se contenterent plus du pain; il fallut aussi leur donner de l'argent; & de peur qu'on en donnât trop peu, ils entreprirent de taxer eux mêmes les fidèles dont le zèle leur étoit suspect. Outre cela il faut encore que cette oblation soit portée en cérémonie par des Suisses en gants blancs: il faut aussi que des flambeaux de cire éclairent la pompe du spectacle. Les dimanches ordinaires les curés veulent bien permettre que plusieurs paroissiens s'associent pour exécuter ensemble cette dispendieuse cérémonie, ce qui fait qu'alors les pauvres sont soulagés par les plus aisés; mais pour les grandes fêtes il leur faut des paroissiens riches, auxquels ils prescrivent le faste qu'ils y doivent étaler, à moins qu'ils ne sachent d'avance que le paroissien est assez disposé de lui-même à s'y montrer généreux & magnifique. Les grands seigneurs & les plus riches négociants y dépensent quelquefois jusqu'à cent louis & même davantage. Le jour que je vis cette cérémonie, c'étoient trois paroissiens de condition qui rendoient ensemble le pain béni: j'ai vu le mémoire de la dépense à laquelle les marguilliers les ont taxé: en voici les articles: six pains bénis à quinze livres chacun ; trente sept livres de cire ; pour l'offrande, chacun trente deux livres en argent ; pour les porteurs quinze livres ; pour les bedeaux & Suisses d'église quinze livres : l'article de la dépense pour les gants n'y étoit point compris : mais ces Mrs. y ont suppléé de leur chef. Enfin toute la dépense fut de plus de trois cent livres. Les Protestants sont obligés de rendre le pain béni comme les Catholiques : car c'est une maxime reçuë en France, que tout François est censé Catholique.

La France est de tous les païs policés & Catholiques de l'Europe, celui où il y a le plus de fêtes. Le Pape Benoit XIV. avoit eu le dessein d'abolir dans toute la catholicité toutes les fêtes des saints ; mais les Cardinaux l'en empêchèrent, les uns par superstition, les autres par aversion contre toute nouveauté, parcequ'ils s'imaginoient que tout exemple de nouveauté est dangereux dans l'église, par la tentation que cela pourroit donner aux princes de demander encore d'autres réformes. Cependant la bonne intention du pape a éclairé bien des princes, qui ont aboli dans leurs états toutes ces fêtes superflues, les unes tout-à fait, & les autres avec la reserve d'être obligé d'entendre la messe. Le Gouvernement de France a tenté plusieurs fois de les abolir de même; mais ce dessein a toujours échoué par l'opposition de quelques Archevêques & surtout par celle des Financiers qui ne trouvoient pas leur compte, que l'agriculture & les métiers gagnassent plus d'activité aux dépens des cabarets, où il se fait tant de débauches. Cependant à Paris, grace à la bonté des lieutenants de police qui en accordent aisément la permission, bien des ouvriers travaillent les jours de fêtes, tandis que les gens de la campagne les chaument en s'ennivrant.

Le Clergé de France est extrêmement nombreux. Il n'y a aucun païs catholique, excepté l'Italie, qui nourrisse à proportion, tant de prêtres & tant d'abbés. On y compte dixhuit archevêchés, cent neuf évêchés; sept cent soixante dix abbayes pour les hommes, trois cent dix sept pour les femmes; il y avoit autrefois quatorze mille neuf cent cinquante-trois couvents ordinaires; vingt deux mille deux cent quatre vingt-onze églises paroissiales. L'Abbé de *St. Pierre* rapporte dans ses annales politiques, qu'il y avoit de son tems dans ce royaume quarante mille curés, soixante mille prêtres sans cure d'ames, cent mille moines & cent mille religieuses; & tout abbé qu'il étoit, il trouvoit qu'il y avoit beaucoup trop de prêtres, & qu'outre cela, il auroit fallu qu'il y eut la moitié moins de moines & trois quarts moins de religieuses. On prétend que depuis ce tems le nombre des ecclésiastiques séculiers s'est augmenté de deux cinquièmes, tandis que d'un autre côté la population a diminué de plus d'un quart. Les revenus du Clergé montoient en 1655 à trois cent douze millions; mais le nombre des ecclésiastiques ayant augmenté depuis considérablement, il a fallu que les revenus augmentassent de même; car ces messieurs n'aiment pas à être gênés. Ainsi ses revenus montent aujourd'hui à quatre cent millions: par conséquent les revenus du Clergé, qui n'a point de frais à faire pour le bien public, furpassent ceux du roi qui doit entretenir des armées & des flottes, faire la guerre & veiller, par une foule de ministres & d'officiers, au maintien de l'ordre & au salut de son royaume. De tous ces immenses revenus le Clergé ne donne au roi que deux millions par an, sans les dons gratuits dont la somme est arbitraire, & que les ecclésiastiques ne fournissent jamais qu'après bien des débats & bien des négociations. En 1750. le Gouvernement avoit pris le parti de soumettre le Clergé au vingtième; mais ce dernier détourna l'orage par des cris horribles, & surtout par une somme de sept millions cinq cent mille livres qu'il paya une fois pour toutes.

Dans les siècles barbares le clergé de France avoit presque entierement anéanti, à l'aide de la superstition, la jurisdiction des magistrats séculiers: il avoit imaginé toutes sortes de sophismes pour attirer à ses tribunaux les procès des laïcs: enfin il avoit rénouvellé le regne des anciens Druydes, qui étoient à la fois les prêtres, les magistrats, & les fléaux de ces mêmes centrées. Mais du moins les Druydes ne faisoient point profession de renoncer au monde: au lieu que le clergé du moyen âge s'étoit emparé de la puissance judiciaire ainsi que de la moitié des terres du royaume, tandis qu'il juroit de renoncer à tout attachement pour les choses & les pompes de la terre. Le gouvernement des temps postérieurs a ouvert les yeux sur ces usurpations: il a demêlé & réfuté ces sophismes; il l'a privé, par de meilleurs argumens, de la puissance judiciaire, & l'a redonnée à ceux à qui elle appartient de raison: il a fait encore mieux: il a assujetti ce même clergé aux magistrats séculiers pour les affaires temporelles tant civiles que criminelles: il a diminuée la puissance du pape, qui, pour être le suprême du clergé, pretendoit par des raisons très-conséquentes, d'être le souverain des rois. Mais il reste toujours encore beaucoup à faire: le clergé s'est mieux défendu qu'il n'a été attaqué. Les moines sur tout, n'ont presque rien perdu, eux dont il ne devoit rien rester: Il y a encore en France, dit un

auteur célébre ,, des provinces entiè-
,, res où les cultivateurs font esclaves
,, d'un couvent. Le pere de famille
,, qui meurt sans enfans n'a d'autres
,, héritiers que les Bernardins, ou les
,, Premontrés, ou les Chartreux, dont
,, il a été serf pendant sa vie. Un fils
,, qui n'habite pas la maison paternel-
,, le à la mort de son pere voit passer
,, tout son héritage aux mains des moi-
,, nes. Une fille qui s'étant mariée
,, n'a pas passée la nuit de ses nôces
,. dans le logis de son pere, est chas-
,, sée de cette maison, & demande en
,, vain l'aumône à ces mêmes religieux
,, à la porte de la maison où elle est
,, née. Si un serf va s'établir dans un
,, pays étranger & y fait une fortune;
,, cette fortune appartient au couvent. Si
,, un homme d'une autre province pas-
,, se un an & un jour dans les terres
,, de ce couvent, il en devient l'es-
,, clave." Mr. l'abbé Raynal (car il
faut citer ses auteurs quand on raconte
des choses si peu croyables) m'a assuré,
qu'actuellement le nombre de couvens
& de moines est prodigieusement diminué: il m'a dit savoir de très-bonne

part, que le nombre de moines n'excede plus aujourd'hui les vingt six mille, dont treize mille seulement sont rentés, qui n'ont pas plus de vingt & un million de revenus nets.

Sous Louis XIII, les revenus de la Couronne ne passoient pas les quatre vingt millions; mais Louis XIV. les porta à deux cent millions, & Louis XV à trois cent: mais en échange la monnoie de ce dernier ne vaut pas celle de Louis XIV, desorte que les deux cent millions de ce temps-là valoient bien les trois cent d'à présent. Il n'y a point de monarque dans l'Europe qui jouisse d'un pareil révénu; mais aussi n'y a-t-il point de païs dans le monde où les sujets payent tant d'impôts, & où l'on ait imaginé tant de moyens pour faire couler l'argent dans le trésor royal, qu'en France. Voici les plus connus: 1°. la taille sur les terres & sur les maisons. 2°. la taille d'Industrie sur les artisans, les ouvriers & les marchands. 3°. La capitation qui se leve sur les têtes des sujets de toutes les classes. 4°. Les aides qui sont des droits qu'on leve sur le vin, les denrées & les marchandifes. 5o. Le sel que presque toutes les provinces sont obligées d'acheter des fermiers du roi, les unes à un prix très haut, les autres à un prix plus bas. 6o. Le tabac, que les fermiers vendent exclusivement à tout autre. 7o. Le vingtieme & souvent le dixième qu'on lève sur les revenus de tous les immeubles du royaume. 8o. Le vingtieme ou le dixieme qu'on fait payer aux villes, aux négociants & aux fabriquants privilégiés sur le produit annuel de leur négoce & de leurs manufactures. 9o. Les droits d'entrée & de sortie sur les marchandises: 10°. les fermes des terres domaniales & les postes. 11o. Le papier timbré. 12o. La dixme & les dons gratuits du clergé. Ajoutez à cela la régale, le droit d'aubaine, les amendes pécuniaires, les confiscations des biens, l'alliage arbitraire de la monnoye, la rente des charges, celle des lettres de noblesse & celle des privilèges exclusifs. Quand la couronne a besoin d'argent pour quelque cause extraordinaire, on hausse les impôts ordinaires, on multiplie les vingtiemes, les dixièmes, on augmente les aides, & on a recours à d'autres moyens, que l'esprit des François, très fertile en projets, imagine sur le champ. La levée & l'administration de ces différents droits & impôts se fait par une foule prodigieuse d'intendans, de subdélégués, d'officiers & de commis de toute espèce; La multitude innombrable de ces gens, leur cupidité, leur insatiabilité, leurs duretés ruinent les sujets & l'état: mais ce fléau n'est pas le seul: voici ce qu'il y a de pis encore. Les capitations des différentes élections & des paroisses, & par conséquent celles de différents contribuables, changent au gré & au caprice de chaque intendant : un François ne sait jamais, au commencement de l'année, ce qu'il payera à la fin. Un fermier, par exemple, dans le cours d'un bail de neuf ans, a ordinairement payé neuf taux différens de taille: cependant il a toujours payé le même revenu de sa ferme au propriétaire. Demandez à un homme qui jouit de cent écus de rente, combien il doit payer de capitation, demandez combien doit payer un fermier, dont la ferme produit cent pistoles par an, personne ne saura vous répondre, personne ne vous saura dire quelle regle on suit à son égard. Voilà les véritables raisons pourquoi la population va toujours en diminuant dans ce royaume. Le nombre des sujets qui en 1621 étoit de vingt cinq millions & qui en 1733 étoit déja tombé à vingt-deux, est aujourd'hui reduit à dix-sept millions, selon le calcul de ceux qui le grossissent le plus.

J'ai puisé tous ces détails, que je viens de vous donner, dans les livres & les mémoires des auteurs les plus accrédités & les plus instruits de l'état de la France, & dans les informations que l'on m'a données dans quelques provinces où j'ai été. A Paris on n'apprend rien de pareil: ici on ne se voit qu'en troupe à des diners, à des soupers, aux promenades & à des coteries, où des discours sur de pareilles matieres peuvent rarement avoir lieu. Les Parisiens ne sont pas faits pour les liaisons plus étroites & moins gênantes: l'immensité de la ville, la commodité des promenades publiques, les spectacles, les affaires, la passion pour les intrigues, l'esprit d'économie d'un côté, & de l'autre l'envie de briller par de grands diners & de grands soupers, la nécessité de sortir en carosse, ou de se crotter & d'être éclaboussé jusqu'aux oreilles dans une ville si malpropre & si sujette aux pluies & aux brouillards, une méfiance générale, occasionnée & entretenue par une foule prodigieuse de fourbes & de fripons, qui, par un extérieur imposant trompent la police & les honnêtes gens, d'autres raisons enfin moins générales, empêchent tout le monde de se faire des amis, de les cultiver & de se voir fréquemment les uns les autres. Ainsi les discours ordinaires ne roulent que sur le roi & la reine, car tout Parisien sait ce que ses souverains se disent l'un à l'autre même à l'oreille, sur les nouvelles ordonnances, sur les spectacles, sur quelques filles de théâtre, sur les nouvelles modes, sur quelques nouveaux projets, sur les nouvelles du jour dont tout le monde sait quelque chose & dont presque personne ne sait rien de vrai. La Métropole de la France est la ville la plus étrangère à ce royaume. Six cent mille ames rassemblées dans cette ville, ne s'occupent abfolument que de leur intérêt & de leurs plaifirs : tout le refte leur eft indifférent. Les étrangers qui s'imaginent connoître la France, pour avoir parcouru en pofte les provinces par où ils font venus à Paris, & pour s'être enfuite arrêtés dans cette ville quelques mois ou quelques années, fe trompent prodigieufement. La plupart ne parviennent pas même à connoître le bon ton de cette ville, qu'ils font fonner fi haut à leur retour chez eux. L'accès familier dans les maifons de la nobleffe & des principaux bourgeois eft difficile : les Parifiens ne fe livrent pas fi aifément à la familiarité ; & ils ont très grande raifon de ne pas s'y livrer dans une ville, infeftée d'avanturiers qui y accourent de toutes parts : quelques vifites de cérémonie qu'un étranger fait à ceux à qui il eft adreffé, & quelques diners qu'il y reçoit, ne fuffifent pas pour le mettre au fait du bon ton des honnêtes gens : & le bon ton de ceux-ci eft trop différent de celui qui regne dans les brelans, dans les caffés, chez les traiteurs, chez les filles & chez les chirurgiens qui viennent toujours à la fuite. Cependant c'est avec cette dernière sorte de bon ton que la plupart des étrangers retournent dans leur patrie en imposer à leurs concitoyens, en corrompre les mœurs & y exercer les emplois au préjudice du public.

Paris est la ville du monde qui fournisse le plus d'amusements publics: opéras, comédie Françoise & Italienne, farces d'*Audinot*, farces de *Nicolet*, combats de bêtes féroces, promenades aux Tuilleries, au Palais royal, au Luxembourg, aux Champs élisées, sur les Boulevards; caffés, maisons de jeu; le Colisée, le Vauxhal, le bois de Boulogne &c. Mais si vous n'avez point d'amis; si vous manquez d'une société réglée de gens honnêtes & instruits; si vous n'avez point d'honnêtes occupations, comme il arrive aux trois quarts des étrangers qui viennent ici; l'ennui, le plus cruel ennemi des hommes, s'empare de vous, & la melancolie vous consume au milieu de tous ces amusements. D'ailleurs la boue, la poussiere & le chagrin de ne pouvoir vous transporter commodément nulle part à pied, se mêlent de tous vos divertiffements. C'eſt préciſément le cas où je me trouve, malgré la compagnie de mes Italiens & les connoiſſances que j'ai dans les différents quartiers de la ville: & ces connoiſſances mêmes ne me fervent qu'à me faire courir d'un bout à l'autre de la ville pour accepter un diner & faire des viſites; pour demander comment on ſe porte chez eux & puis m'en aller. Car ces amis & ces connoiſſances à moi ont auſſi des amis & des connoiſſances à eux, qu'ils doivent recevoir & aller voir à leur tour : ils ont leurs parties de plaiſir, leurs jours & leurs heures deſtinés pour la promenade, & pour les ſpectacles, ils ont leurs jours d'affaires & leurs heures de repos. Ainſi cette ville peut à la fois être très-amuſante pour ceux qui ne connoiſſent pas le prix d'une liaiſon familiere & aſſidue & libre de toute gêne avec des amis, & pour ceux qui ſont habitués toute leur vie à ſe gêner, à ſe cacher aux autres & à eux mêmes, & elle peut être en même temps très-ennuyante pour ceux, qui, comme vous & moi, ne trouvent amuſant aucun amuſement, dont ont eſt obligé de jouir tout seul, où avec une compagnie qui gêne.

La police de Paris est la meilleure & la plus exacte de l'univers; mais aussi est-ce la ville de l'univers, qui fourmille le plus d'avanturiers & de gens sans aveu. Cependant près de trois mille réverbéres, douze corps de gardes, douze cens militaires à pied & à cheval, destinés uniquement à veiller à la sureté de la ville & de ses environs, ne peuvent pas encore retenir dans le devoir toute cette canaille. Un homme, qui passe ici pour un assez habile avanturier, & qui est très-bien faufilé avec les gens de son métier, me disoit l'autre jour. ,, Il y a con- ,, stamment plus de douze mille per- ,, sonnes à Paris, qui ne savent pas le ,, matin s'ils pourront trouver à diner ,, à midi & qui dinent pourtant." Or je vous laisse à juger quel fond d'industrie & de ressources il faut à ces gens là. Il m'a pris une fois la fantaisie de connoitre un peu ce monde industrieux, & j'ai été pendant long-temps, dans la vue de satisfaire cette curiosité, faire mes diners chez tous les traiteurs de la ville les plus connus, depuis ceux qui donnent à manger pour quarante & cinquante fols jusques à ceux qui en donnent pour vingt: & j'ai été prendre mon caffé chez tous les caffétiers depuis le fauxbourg Montmartre jusqu'à l'extrémité du fauxbourg S. Germain & depuis le fauxbourg S. Honoré jusqu'au fauxbourg S. Antoine: mais je n'ai rien avancé dans mes connoiſſances, ſi non que j'ai vu enlever de temps en temps tantôt de chez un traiteur, & tantôt dans un caffé par les gens de la police, tantôt quelque monſieur galonné, & tantôt quelque autre perſonne qui avoit l'extérieur du monde le plus honnête: ce qui fait un ſpectacle très-lugubre & très-mortifiant: & c'eſt ainſi que l'on tient toujours rempli Biſêtre, Vincennes, la Baſtille & autres lieux pareils. Cependant le nombre de ceux qui tombent entre les mains de la police n'eſt rien encore en comparaiſon de la prodigieuſe multitude de ceux qui lui échappent & qui trompent ſa vigilance. Les François clabaudent beaucoup contre la populace de Londres: cependant cette populace a bien changé depuis qu'elle ne jette plus de la boue fur les étrangers, qui viennent y marcher à pied avec des habits galonnés dans les rues remplies de poussiere, de fumée & de boue, quoiqu'à Londres où il y a du moins des trottoirs pour la commodité des pietons, on foit beaucoup moins fujet à fe crotter & à fe poudrer, qu'à Paris: au lieu que la canaille de Paris qui revient tous les famedis, tous les dimanches, tous les lundis & tous les jours de fêtes des Porcherons, de Vaugirard, & d'autres lieux de débauche, auffi-bien que celle qui infefte toutes les nuits à certains heures les Boulevards, eft bien autrement infolente & incommode que ne l'a jamais été celle de Londres. Un favant Allemand me difoit l'autre jour, que dans les voyages qu'il avoit faits avec fon élève (car il étoit gouverneur d'un jeune feigneur) en Angleterre & en France, il avoit obfervé que la populace de Londres eft plus hardie à voler; mais que la Françoife eft plus infolente: qu'exceptés les cas, où l'on s'attroupe à Londres pour la défenfe de la liberté, les bourgeois & le menu peuple de cette ville, font naturellement plus amis de l'ordre, & de la décence, plus respectueux, & plus posés que ne le font les bourgeois & les artisans de Paris ; qu'en conséquence de cette différence dans le caractère des deux nations il se peut donner à Londres des grandes fêtes publiques, sans que l'on y ait à craindre aucun grand malheur, & qu'au contraire à Paris il ne s'étoit jamais donné quelque spectacle extraordinaire au public, qu'il n'y fût arrivé quelque malheur extraordinaire, témoin celui où il a y eu plus de six cent personnes de tuées ou d'estropiées, il n'y a pas long-temps : que dans une assemblée d'Anglois chacun reste dans son rang & n'empiète pas sur celui d'un autre : au lieu que dans une société des François, un comédien, un artiste prend à tous momens le dessus sur un marquis : & qu'enfin il aimoit mieux que son éleve perdît sa montre en allant au théatre de *Haymarket* ou de *Covent-garden*, que de le voir traité de haut en bas, ou avec un air de familiarité & d'un ton de suffisance par un danseur de théatre, dans une assemblée d'honnêtes gens à Paris.

Aussi ce savant use-t-il ici d'une précaution, dont il m'a dit n'avoir jamais usé à Londres. Lorsqu'il se trouve avec son éléve dans quelque société, & qu'il le voit adresser la parole à quelcun de la compagnie soit homme ou femme, cet habile gouverneur se hâte d'abord de demander: *cette dame est-il gentilhomme, ce monsieur est-il marquise?* Si on lui répond que non ; sur le champ un signe de tête annonce à l'éléve de rompre la conversation avec la personne en question.

Fin du second Tome.

www.ingramcontent.com/pod-product-compliance
Lightning Source LLC
Chambersburg PA
CBHW052134230426
43671CB00009B/1246